सतगुर मिलै त ऊबरै

यह संसार हमारी कामना, हमारी तृष्णा, हमारी दौड़, हमारी महत्वाकांक्षा का परिणाम है। और जो इस महत्वाकांक्षा के ज्वर से नहीं जागेगा, वह कभी पहचान न पाएगा स्वयं को। स्वयं को जाने बिना कोई सुख नहीं है। स्वयं को जाने बिना कोई संगीत नहीं है। स्वयं को जाने बिना कोई अमृत का स्वाद नहीं है।

ये सूत्र उसी अमृत की तलाश के लिए हैं।

सुणौ हो नरवै सुधि बुधि का विचार

गोरख कहते हैं: ऐ सम्राटो !.....तुम्हें सम्राट कहते हैं, याद रखना। क्योंकि हो तो तुम सम्राट, मान लिया है तुमने कि भिखमंगे हो। हो तो तुम मालिक, मान लिया है कि गुलाम हो। मान लिया तो हो गये। सुणौ हो नरवै ! ऐ सम्राटो, सुनो ! सुधि बुधि का विचार। थोड़ी समझ की, थोड़ी बोध की बात भी सुनो। कि दौड़ते ही रहोगे, कि भागते ही रहोगे ? रुकोगे नहीं ? रुककर थोड़ा विचार न करोगे कि बहुत दौड़ लिए, कहां पहुंचे ?

एक दफा पुनर्निरीक्षण करो।

तुम जरा उसे खोजो जो शाश्वत है। और वह तुम्हारे भीतर बैठा है।

ओशो

सतगुर मिलै त ऊबरै

ओशो

डायमंड पाकेट बुक्स

ISBN : 81-7182-148-0

संयोजन : संबुद्ध स्वामी योग प्रताप भारती
एम.एम.डी.फिल. एम. (आर.आई.एम.यू.), सिद्ध

संपादन : स्वामी चैतन्य कीर्ति/स्वामी आनंद सत्यार्थी

संकलन : मा अमृत प्रिया/स्वामी अरुण सत्यार्थी

फोटोटाइपसेटिंग : मा कृष्ण लीला/मा देव साम्या/स्वामी आनंद प्रभु

प्रकाशक : **डायमंड पॉकेट बुक्स (प्रा.) लि.**
X-30, ओखला इंडस्ट्रियल एरिया, फेज-II
नई दिल्ली-110020

फोन : 011-41611861
फैक्स : 011-41611866
ई-मेल : sales@dpb.in
वेबसाइट : www.dpb.in
संस्करण : **2019**

अनुक्रम

ओशो परम कल्याणमित्र हैं, अस्तित्व का माधुर्य हैं।
उनकी करुणा का सहारा पाकर मानवता धन्य हुई है।

ओशो जिनका न कभी जन्म हुआ, न कभी मृत्यु,
जो इस पृथ्वी ग्रह पर
11 दिसम्बर 1931 से 19 जनवरी 1990 तक
केवल एक आगंतुक रहे।

प्रस्तुत प्रवचन सम्मुख-उपस्थित श्रोताओं के प्रति
ओशो के सहज प्रतिसंवेदन हैं, जिनका मूल्य शाश्वत व
संबंध मानव-मानव से है।

1

सुधि-बुधि का विचार

दिनांक : 9 अक्टूबर, 1978; श्री रजनीश आश्रम, पूना.

सुणौ हो नरवै सुधि बुधि का विचार। पंच तत ले उतपनां सकल संसार।
पहलै आरंभ घट परचा करौ निसपती। नरवै बोध कथंत श्री गोरषजती।।
पहलै आरंभ छांड़ौ काम क्रोध अहंकार। मन माया विषै विकार।
हंसा पकड़ि घात जिनि करौ। तृस्नां तजौ लोभ परहरौ।।
छांड़ौ दंद रहौ निरदंद। तजौ अल्यंगन रहौ अबंध।
सहज जुगति ले आसण करौ। तन मन पवना दिढ़ करि धरौ।।
संजम चितओ जुगत अहार। न्यंद्रा तजौ जीवन का काल।
छांड़ौ तंत मंत बैदंत। जंत्रं गुटिका धात पाषंड।।
जड़ी बूटी का नांव जिनि लेहु। राज दुवार पाव जिनि देहु।
थंभन मोहन बिसिकरन छांड़ौ औचाट।
सुणौ हो जोगेसरो जोगारंभ की बाट।।
और दसा परहरौ छतीस। सकल विधि ध्यावो जगदीस।
बहु विधि नाटारंभ निबारि। काम क्रोध अहंकारहि जारि।।
नैंण महा रस फिरौ जिनि देस। जटा भार बंधौ जिनि केस।
रूष बिरष बाड़ी जिनि करौ। कूवा निवांण षोदि जिनि मरौ।।
टूटै पवनां छीजै काया। आसण दिढ करि वैसो राया।
तीरथ बर्त कदै जिनि करौ। गिर परबतां चढि प्रानमति हरौ।।
पूजा पाति जपौ जिनि जाप। जोग माहि विटंबौ आप।
छांड़ौ वैद बणज व्यौपार। पढ़िबा गुणिबा लोकाचार।।
बहुचेला का संग निबारि। उपाधि मसांण बाद विष तारि।
येता कहिये प्रतच्छि काल। एकाएकी रहौ भुवाल।।
सभा देषि मांडौ मति ग्यांन। गूंगा गहिला होइ रहौ अजांण।
छाड़व राव रंक की आस। भिछ्या भोजन परम उदास।।
रस रसाइंन गोटिका निवारि। रिधि परहरौ सिधि लेहु विचारि।
परहरौ सुरापांत अरूभंग। तातैं उपजैं नांनां रंग।।
नारी, सारी, कींगुरी। तीन्यूं सतगुर परहरी।
आरंभ घट परचै निसपति। नरवै बोध कथंत श्री गोरषजती।।

जमर्तबए कुल को हासिल करे है आखिर,
एक कतरा न देखा जो दरिया न हुआ होगा।

एक बूंद भी ऐसी नहीं है अस्तित्व में जो आज नहीं कल सागर न हो जाये। अंश अंशी हो जाता है, खंड अखंड हो जाता है, सीमित असीम हो जाता है। एक बूंद भी ऐसी नहीं है जिसकी नियति में सागर होना न हो, तो फिर एक मनुष्य भी कैसे हो सकता है जो परमात्मा होने से वंचित रह जाए?

परमात्मा होना मनुष्य का स्वभाव है। जैसे बूंद सागर हो सकती है, ऐसे मनुष्य सीमाओं से मुक्त हो जाये तो परमात्मा हो सकता है। मनुष्य परमात्मा है, सिर्फ सीमायें गिराने की बात है। मनुष्य के परमात्मा होने में और कोई बाधा नहीं है; हमने चारों तरफ एक लक्ष्मण-रेखा खींच रखी है। हमारी खींची हुई रेखा है; हम ही उस रेखा के बाहर नहीं जाते; हमने ही दीवाल बना ली है; हमने ही सुरक्षा का आयोजन कर लिया है; हम ही ज्ञात में आबद्ध हो गए हैं। अज्ञात पुकारता है, पर भय के कारण हम यात्रा पर नहीं निकल पाते।

योग की यात्रा अज्ञात की यात्रा है। लेकिन अज्ञात की यात्रा पर तो वही जायेगा जो ज्ञात से थक गया। तुमने जो जाना है, उससे मन भरा?

अगर मन भर गया है तब तो परमात्मा तक जाने का कोई सवाल नहीं उठता; परमात्मा तुम्हें मिल ही गया। मन भर जाने का नाम ही तो परमात्मा का मिलना है। मन भरा नहीं है। मन जरा भी भरा नहीं है। खाली का खाली है। सिर्फ आशायें—कल भर जायेगा, परसों भर जायेगा—उलझाये रखती हैं। सिर्फ आश्वासन झूठे, जो कभी पूरे नहीं होते; किसी के कभी पूरे नहीं होते।

कल मैं एक लोकप्रिय गीत सुन रहा था—

जाने वो कैसे लोग थे जिनके प्यार को प्यार मिला

ऐसे लोग कभी नहीं हुए जिनके प्यार को प्यार मिला हो। इस संसार में कभी

कोई तृप्ति को उपलब्ध नहीं हुआ।

जाने वो कैसे लोग थे जिनके प्यार को प्यार मिला
हमने तो जब कलियां मांगीं, कांटों का हार मिला
खुशियों की मंजिल ढूंढ़ी तो गम की गर्द मिली
चाहत के नग्मे चाहे तो आहें सर्द मिली
दिल के बोझ को दूना कर गया, जो गमख्वार मिला
बिछुड़ गया हर साथी देकर पल दो पल का साथ
किसको फुर्सत है जो थामे दीवानों का हाथ
हमको अपना साया तक अक्सर बेजार मिला
इसको ही जीना कहते हैं तो यूं ही जी लेंगे
उफ न करेंगे, लब सी लेंगे, आंसू पी लेंगे
गम से अब घबड़ाना कैसा? गम सौ बार मिला
जाने वो कैसे लोग थे जिनके प्यार को प्यार मिला
हमने तो जब कलियां मांगीं कांटों का हार मिला

ऐसे लोग कभी हुए ही नहीं। यहां तो जिसने भी कलियां मांगी हैं, उसी को कांटों का हार मिला है। इस संसार में कांटों के सिवाय कुछ और है ही नहीं। हां, दूर से फूल दिखाई पड़ते हैं, पास आने पर कांटे सिद्ध होते हैं। जो नहीं मिला है प्यारा लगता है; जो मिल जाता है वही व्यर्थ हो जाता है। अभाव में आकर्षण है। दूर के ढोल सुहावने हैं।

योग की यात्रा पर तो वही निकलेगा जिसे यह बात बिल्कुल साफ हो गई कि यहां सुख मिलना संभव नहीं है। सुख असंभव है संसार में। क्योंकि संसार का अर्थ होता है बहिर्यात्रा—अपने से बाहर जाना। और अपने से बाहर जाकर कोई कभी सुख को उपलब्ध न हो सकेगा। क्योंकि जितने तुम अपने से दूर हो जाओगे उतने ही स्वभाव के प्रतिकूल हो जाओगे। और स्वभाव में डूब जाना सुख है। अपने स्व में निमग्न हो जाना सुख है। स्वभाव सुख है, विभाव दुख है।

तो जितने तुम अपने से दूर जाते हो—धन में, पद में, प्रतिष्ठा में—उतने ही तुम दुखी होते चले जाते हो। संसार का अर्थ ये वृक्ष नहीं, ये चांद-तारे नहीं; संसार का अर्थ है मन की बाहर जाती हुई दौड़। बहिर्यात्रा संसार है। अंतर्यात्रा धर्म है।

जरा अपने जीवन को गौर से देखो, विचारो, तो ही गोरख के ये अमृत शब्द समझ में आ सकेंगे। गोरख के ही क्यों, समस्त बुद्धपुरुषों के वचन इसलिए तुम्हारे काम नहीं आते, कि तुमने अपने जीवन का निरीक्षण नहीं किया। अभी भी तुम्हारी आशायें शेष हैं। अभी भी तुम्हारी आशायें खंडित नहीं हुई हैं।

धोखा है तमाम बहरे-दुनिया
देखेगा तो होंठ तर न ह्रेगा।

दिखाई पड़ता है, जल लहरें ले रहा है; पर दूर से दिखाई पड़ता है। मृग-मरीचिका है। और जब पास जाओगे ओंठ तर भी न हो सकेंगे। कंठ तक तो पहुंचने की बात दूर, ओंठ भी तर न हो सकेंगे।

सब्ज होती ही नहीं यह सरजमीं,
तुख्मे-ख्वाहिश दिल में तू बोता है क्या?

इस जमीन पर हरियाली कभी होती ही नहीं। तू नाहक ही इच्छाओं के बीज बो रहा है अपने दिल में। बहुत पछतायेगा। ये बीज कभी अंकुरित होते नहीं।

सब्ज होती ही नहीं यह सरजमीं,
तुख्मे-ख्वाहिश दिल में तू बोता है क्या?

क्यों बोये चले जाते हो नई-नई आकांक्षाओं के बीज? पुराने बीज नहीं उपजते तो तुम नए बीज बो देते हो। ऐसा जन्मों-जन्मों से कर रहे हो।

पास के गये पै एक बूंद हू न हाथ लगै,
दूर सों दिखात मृगतृष्णिका में पानी है।
शंकर प्रमाण-सिद्ध रंग को न संग पर,
जानि परै अंबर में नीलिमा समानी है।
भाव में अभाव है अभाव में धौं भाव भर्‍यो,
कौन कहै ठीक बात काहू ने न जानी है।

बहुत उलझन है इस जगत की। भाव में अभाव है। जो होता है वह तो भूल जाता है। जो है वह तो दिखाई नहीं पड़ता। भाव में अभाव है अभाव में धौं भाव भर्‍यो। और जो नहीं है उसमें हमारे भाव उलझे रहते हैं। जो तुम्हारे पास नहीं है उसमें तुम अटके हो, यह बात तो तुम जानकर हैरान होओगे।

लोग सोचते हैं कि जो हमारे पास है उसमें हम अटके हैं; गलत है। जो तुम्हारे पास है उसमें तो तुम जरा भी नहीं अटके हो; जो तुम्हारे पास नहीं है उसमें अटके

हो। तुम्हारे पास दस हजार रुपये हैं, उनमें तुम नहीं अटके हो; दस लाख, जो अभी तुम्हारे पास नहीं हैं, उनमें तुम अटके हो। तुम यह दस हजार छोड़ भी दो तो कुछ लाभ न होगा। जब तक वे दस लाख न छूट जायें जो तुम्हारे पास नहीं हैं...।

यह जरा बड़ी उलटी सी बात मालूम होगी कि जो नहीं है, उसमें हम उलझे हैं। जो पत्नी तुम्हारे पास है उसमें तुम नहीं उलझे हो; उससे तो तुम कब के मुक्त हो गए हो; उसे तो तुमने देखना ही बंद कर दिया है। उसे तो तुम पहचान भी न सकोगे। कितने दिन हो गए, कितने वर्ष, जबसे तुमने पत्नी को देखा नहीं है भर आंख! अपनी पत्नी को देखता ही कौन है! दूसरों की पत्नियों को लोग देखते हैं!

जो तुम्हारे पास नहीं है, उससे तुम उलझे हो। अभाव ने उलझाया है। इसलिए सदगुरु का बड़ा बेबूझ काम है। वह तुमसे वही छीन लेता है जो तुम्हारे पास नहीं है। और तुम्हें वही दे देता है जो तुम्हारे पास है। पास जाकर पाओगे बूंद भी नहीं है वहां, जहां सागर लहराता मालूम पड़ता था।

यह धोखा ऐसे ही है जैसे आकाश नीला दिखाई पड़ता है। बस दिखाई पड़ता है; आकाश का कोई रंग नहीं है। आकाश कोई वस्तु थोड़े ही है कि उस पर रंग पोता जा सके। आकाश तो शून्य का नाम है। शून्य को कैसे रंगोगे? आकाश नीला दिखाई भर पड़ता है।

शंकर प्रमाण-सिद्ध रंग को न संग पर,
जानि परै अंबर में नीलिमा समानी है।

पक्का प्रमाण है इसका, अब वैज्ञानिक प्रमाण है कि आकाश में कोई रंग नहीं होता, लेकिन फिर भी नीला दिखाई पड़ता है। और मरुस्थल में जब तुम प्यास से विदग्ध हो रहे हो, तुम्हारी प्यास ही मृग-मरीचिकाएं पैदा कर लेती है। और साधारण आदमी की तो बात छोड़ दो, असाधारण पुरुष भी मृग-मरीचिकाओं में पड़ जाते हैं। राम तक स्वर्ण-मृग को पकड़ने निकल पड़े। स्वर्ण-मृग होते हैं? कभी हुए हैं?

कथा प्यारी है! सीता को गंवा बैठे राम—रावण के कारण नहीं; स्वर्ण-मृग को खोजने निकल पड़े, इस कारण। अगर तुम मुझसे पूछो तो रावण ने सीता चुरायी यह बात गौण है; राम ने सीता गंवायी, यह बात महत्वपूर्ण है। थोड़ा सोचो तो, तुम भी होते तो सोचते कि कहीं सोने का मृग होता है, कभी हुआ है? लेकिन स्वर्ण-मृग दिखाई पड़ा, चले राम खोज पर। उठा लिया धनुष-बाण। छोड़ गए

सीता को। जो था उसे छोड़ गए—उसके लिए, जो नहीं है; और जो कभी हुआ नहीं और जो कभी हो भी नहीं सकता। बुद्धि जिसके बिलकुल विपरीत है, विचार जिसके विपरीत है, समझ जिसके विपरीत है—उस स्वर्ण-मृग को खोजने चल पड़े।

मगर कथा प्रीतिकर है। ऐसे ही तो हम सब भी स्वर्ण-मृग को खोजने निकले हैं, और सीताओं को गंवा बैठे हैं। सीता यानी तुम्हारी आत्मा, जो तुम्हारे पास है। उसे तो तुम भूल ही गए हो। उसकी तरफ तो पीठ कर ली है। चले स्वर्ण-मृग की तलाश में—पद-प्रतिष्ठा, धन, यश, गौरव। ये सब स्वर्ण-मृग हैं—जो न कभी हुए हैं, न कभी होते हैं।

हस्ती अपनी हुबाब की सी है,
यह नुमाइश सराब की सी है।
चश्मे-दिल खोल उस भी आलम पर,
यांकी औकात खाब की सी है।

जरा अपना हृदय उस परलोक की तरफ भी खोलो, क्योंकि यहां तो सब है जो सपने जैसा है। चश्मे-दिल खोल उस भी आलम पर। दिल की आंख उस सत्य की तरफ भी खोलो, घूंघट हटाओ, पर्दे उठाओ। यांकी औकात खाब की-सी है! क्योंकि यहां की जो सत्ता है इस संसार की, वह एक स्वप्न से ज्यादा नहीं है। हस्ती अपनी हुबाब की-सी है। एक बुलबुले जैसी हस्ती है। पानी का बुलबुला, अभी बना अभी मिटा। यह नुमाइश सराब की-सी है। यह तो मृग-जल जैसा प्रदर्शन चल रहा है—झूठा; मान लिया इसलिये है।

और लोग क्या-क्या मान नहीं लेते हैं! हमारा सारा संसार हमारी मान्यताओं से निर्मित है। हमने मान लिया है। सारी बात मानने की है। और मान लिया है तो चलते चले जाते हैं। जिसने नहीं माना है वैसा, वह हंसेगा।

जिस आदमी को धन की दौड़ लगी है, उसके लिए धन सत्य है। और जिसको धन की दौड़ नहीं लगी है, वह हंसेगा कि तुम पागल हो, धन का करोगे क्या, धन से होगा क्या? सब पड़ा रह जाएगा। जिसकी मान्यता नहीं है, वह बड़ा हैरान होता है कि तुम किस चीज के पीछे दौड़ रहे हो! लेकिन जिसकी मान्यता है उसकी आंखों में नशा है; वह होश में नहीं है।

यह संसार हमारी कामना, हमारी तृष्णा, हमारी दौड़, हमारी महत्त्वाकांक्षा का

परिणाम है। और जो इस महत्वाकांक्षा के ज्वर से नहीं जागेगा, वह कभी पहचान न पायेगा स्वयं को। स्वयं को जाने बिना कोई सुख नहीं है। स्वयं को जाने बिना कोई संगीत नहीं है। स्वयं को जाने बिना कोई अमृत का स्वाद नहीं है। ये सूत्र उसी अमृत की तलाश के लिये हैं।

सुणौ हो नरवै सुधि बुधि का विचार।

गोरख कहते हैं : ऐ सम्राटो!...तुम्हें सम्राट कहते हैं, याद रखना। क्योंकि हो तो तुम सम्राट, मान लिया है तुमने कि भिखमंगे हो। हो तो तुम मालिक, मान लिया कि गुलाम हो। मान लिया तो हो गये।

सुणौ हो नरवै!

ऐ सम्राटो! सुनो।

सुधि बुधि का विचार।

थोड़ी समझ की, थोड़ी बोध की बात भी सुनो; कि दौड़ते ही रहोगे, कि भागते ही रहोगे? रुकोगे नहीं? रुक कर थोड़ा विचार न करोगे कि बहुत दौड़ लिये, कहां पहुंचे? एक दफा पुनर्निरीक्षण करो।

पंच तत ले उतपनां सकल संसार।

ये तुम जिन चीजों के पीछे दौड़े जा रहे हो, वहां कुछ भी नहीं है, पांच तत्वों का खेल है। मिट्टी, जल, वायु, अग्नि, आकाश—इनसे यह सारा खेल निर्मित हुआ है। इस खेल में कुछ भी नहीं है। और जिसकी तुम तलाश कर रहे हो वह तुम्हारे भीतर मौजूद है। इन पांच तत्वों के जो पार है, वह तुम्हारे भीतर मौजूद है। ये पांच तत्व तो बनते हैं और मिटते हैं; गिरते हैं और उठते हैं। ये तो लहरें हैं। इनके साथ तुम कभी आनंदित न हो सकोगे, क्योंकि ये बन भी नहीं पातीं कि मिट जाती हैं। इनके साथ तुम कैसे जी पाओगे? ये क्षणभंगुर हैं। और जो क्षणभंगुर है उससे दुख मिलता है। तुम जरा उसे खोजो जो शाश्वत है। और वह तुम्हारे भीतर बैठा है।

इस संसार को अगर देखो गौर से तो तुम्हें देखनेवाले का स्मरण आने लगे। और अगर इसे मूर्च्छा से देखो तो देखनेवाला तो भूल ही जाता है; उलझ गए दृश्य में। जो उलझा दृश्य मैं वह भटका। और जो द्रष्टा में जागा वह पहुंच गया।

पहलै आरंभ घट परचा करौ निसपती।
नरवै बोध कथंत श्री गोरषजती।।

गोरख कहते हैं: ऐ सम्राटो, तुमसे चार बातें कहनी हैं। गोरख अपनी पूरी जीवन-चिंतना को इन चार बातों में ढाल देते हैं।

पहलै आरंभ घट परचा करौ निसपती।

चार बातें। पहला है: आरंभ। आरंभ का अर्थ है: अभी तुम बाहर ही दौड़ते रहे हो, तुमने अंतर्यात्रा का आरंभ भी नहीं किया। तुमने आंखें पीछे नहीं फेरी हैं। तुमने लौटकर नहीं देखा। जिसको महावीर ने प्रतिक्रमण कहा है।

चित्त की दो दशायें हैं—आक्रमण...! आक्रमण यानी बाहर की तरफ, प्रतिक्रमण यानी भीतर की तरफ। आक्रमण यानी दूसरे पर, प्रतिक्रमण यानी अपने पर। या जिसको पतंजलि ने प्रत्याहार कहा है।

लौट आओ, अपने पर लौट आओ! इसी को जीसस ने कन्वर्सन कहा है। कन्वर्सन का अर्थ नहीं होता कि कोई हिंदू ईसाई हो जाए, कि कोई ईसाई हिंदू हो जाए। यह कोई कन्वर्सन है? कन्वर्सन का अर्थ होता है: बहिर्यात्रा अंतर्यात्रा हो जाये। तुम मंदिर बाहर न खोजो, भीतर खोजो। तुम बाहर के तीर्थों पर मत जाओ, तुम भीतर स्नान करो। तुम ध्यान में डुबकी लो, तो जीवन में क्रांति शुरू होती है। उस क्रांति को गोरख कहते हैं आरंभ। तभी तुम्हारा मनुष्य होना शुरू हुआ; इसलिये कहते हैं आरंभ। पशु भी बाहर जीते हैं, पौधे भी बाहर जीते हैं; सिर्फ एक मनुष्य है इस पृथ्वी पर जो भीतर भी जी सकता है। उसकी ही यह संभावना है, जो आत्म-साक्षात्कार कर सकता है।

बाहर तो सभी दौड़ते हैं, इसमें कुछ खूबी नहीं है। तुम्हारे जीवन में महिमा प्रारंभ होती है उस दिन, जिस दिन तुम भीतर लौटना शुरू होते हो। हुए गौरवान्वित। हुए महिमान्वित। हुए मनुष्य। तुम्हारे भीतर जन्म हुआ आत्मा का। तुम्हारे भीतर परमात्मा की तलाश शुरू हुई। और यह बड़ी से बड़ी क्रांति है। और कोई इतनी बड़ी क्रांति नहीं है। अंतरक्रांति है। उसको कहते हैं गोरख—आरंभ।

वे कहते हैं कि सुनो, ऐ सम्राटो! तुमने अभी अपने साम्राज्य का आरंभ भी नहीं किया। जिस संपत्ति के तुम मालिक हो, तुमने पहली कुदाली भी नहीं मारी उस खजाने को खोदने के लिए।

दूसरा: घट। घट का अर्थ होता है: घड़ा। यह जो शरीर है, यह घड़ा है। घट, मंदिर है। इसके भीतर मालिक छिपा है। इस घट के भीतर आकाश छिपा है। घट में ही मत उलझ जाना, क्योंकि जब तुम भीतर की तरफ मुड़ोगे, तब तुम्हें पता

चलेगा कि शरीर इतनी छोटी चीज नहीं है जितनी तुमने समझी है। शरीर बड़ा रहस्यपूर्ण है। शरीर अपने-आप में एक संसार है।

वैज्ञानिक कहते हैं एक-एक शरीर में कम-से-कम सात करोड़ जीवाणु हैं। इसलिए हमने इसको पुरुष कहा है आत्मा को, क्योंकि शरीर को पुर कहा है, नगर, बसा हुआ नगर। बंबई भी छोटी है। कलकत्ता भी छोटा है। कलकत्ते की आबादी एक करोड़, तुम्हारे शरीर की आबादी पांच करोड़। पांच करोड़ जीवाणु। पांच करोड़ जीवंत कोष्ठ तुम्हारे शरीर का निर्माण करते हैं। यह कोई छोटी घटना नहीं है। सिर्फ शरीर की छोटी-सी सीमा को देखकर भ्रांति में मत पड़ जाना। अब तो तुम्हें जानना चाहिये कि वैज्ञानिकों ने अणु-शक्ति की खोज की—अणु, जो आंख से दिखाई नहीं पड़ता; लेकिन अणु का विस्फोट हो तो नब्बे सेकेंड में एक लाख आबादी वाला हिरोशिमा राख हो गया। जो आंख से नहीं दिखाई पड़ता, उसमें इतनी विराट ऊर्जा छिपी हो सकती है! तो देह तो बहुत बड़ी है। इसमें बड़ी विराट ऊर्जा छिपी है। इसके बड़े रहस्य हैं।

अगर तुम अंदर की तरफ मुड़ोगे तो पहला परिचय तो देह से होगा, क्योंकि देह मंदिर है। अगर मंदिर में जाओगे तो पहले मंदिर की सीढ़ियां चढ़ोगे, मंदिर की दीवालें पार करोगे, द्वार से गुजरोगे, तब अंतरगृह में पहुंच पाओगे। इसलिये पहले तो अंतर्यात्रा शुरू करो, फिर इस घर से परिचित होओ। नहीं तो मालिक से मिलना न हो सकेगा।

स्वाभाविक है, इस देह का विरोध मत करना। इसको सताने मत लग जाना। नहीं तो समझ न पाओगे। यह प्रभु का बड़ा प्यारा वरदान है। इसको दबाना मत, सताना मत, परेशान मत करना; क्योंकि इसको दबाना, सताना, परेशान करना प्रभु का इनकार है, नास्तिकता है।

आस्तिक तो परमात्मा को धन्यवाद देगा कि कैसी प्यारी देह दी है! मिट्टी में भी कैसा रूप भरा है! पंच तत्वों में भी कैसा जादू है! परमात्मा जादूगर है। उसके जादू की सबसे बड़ी...सबसे बड़ा प्रमाण अगर कोई हो सकता है, तो तुम्हारी देह है।

वैज्ञानिक कहते हैं: जितना काम देह में होता है, अगर हमें किसी कारखाने में करना पड़े तो चार मील तक उसकी आवाज गूंजेगी। अभी तक हम उपाय नहीं खोज पाए। विज्ञान ने बहुत गति कर ली है। जमीन से आदमी को चांद पर उतार दिया। अणुबम का विस्फोट किया। और अब इतने अणुबम हमारे पास इकट्ठे हैं

कि हम सारी पृथ्वी को भस्मीभूत कर सकते हैं, एक बार नहीं हजार बार। विज्ञान के इस परम विकास के बावजूद भी विज्ञान अभी इसमें सफल नहीं हो पाया है कि एक रोटी को खून में बदल दे। रोटी को खून में बदलना अभी संभव नहीं हो पाया। यह जादू तुम्हारी देह में घटता है। और इतना ही नहीं कि रोटी खून बनती है, मांस बनती है; रोटी तुम्हारा मस्तिष्क भी बनती है। रोटी तुम्हारा विचार भी बनती है। रोटी किसी अपूर्व द्वार से तुम्हारी चेतना को भी प्रज्वलित रखती है।

इसलिये तो कहा है: भूखे भजन न होई गोपाला। भूखा आदमी भजन नहीं कर सकता। भूखे आदमी के पास भजन करने योग्य ऊर्जा नहीं होती। भजन के लिए पेट भरा होना चाहिए। इसलिये जो देश गरीब हो जाता है वहां भजन खो जाता है, या भजन झूठा हो जाता है। इस देश में भजन कभी सच्चा था, क्योंकि देश संपन्न था। कम-से-कम रोटी-रोजी लोगों को मिल जाती थी, कोई भूखा नहीं मर रहा था। उन दिनों बुद्ध पैदा हुए, महावीर पैदा हुए, गोरख पैदा हुए, पतंजलि और कृष्ण और हमने बड़ी ऊंचाइयां लीं। कम-से-कम लोग भूखे नहीं थे। समृद्ध थे, ऐसा मैं नहीं कहता हूं, कि उनके पास कोई संपत्ति का अंबार था, ऐसा नहीं कहता हूं। लेकिन भूखे नहीं थे। देह तृप्त थी। भजन उठ सकता था।

जब कोई देश गरीब होता है तब वहां कम्युनिज्म उठता है, धर्म नहीं। तब लोग मारने-मरने को उतारू हो जाते हैं। तब घिराव होते हैं, हड़तालें होती हैं, दंगे-फसाद होते हैं, हत्यायें-हिंसायें होती हैं। तब भजन नहीं उठता। भूखा आदमी हिंसा कर सकता है, प्रेम नहीं। भूखा आदमी क्रुद्ध होता है। भूखा आदमी करुणावान नहीं हो सकता है।

इसलिए मैं तुमसे कहता हूं यह देश अगर ज्यादा दिन गरीब रह गया—जैसा कि इस देश के नेताओं ने तय कर रखा है कि यह गरीब रहे—अगर यह देश ज्यादा दिन गरीब रह गया, तो इस देश में सिवाय कम्युनिज्म के और कोई संभावना न रह जायेगी। जाने-अनजाने यह देश कम्युनिज्म की तरफ ले जाया जा रहा है। ले जानेवाले शायद इस बात से परिचित भी न हों, होश भी न हो उन्हें, शायद वे तो यही कोशिश कर रहे हैं कि देश कम्युनिस्ट न हो जाये; मगर तुम्हारी कोशिशों का सवाल नहीं है, अगर देश गरीब रहता है तो कम्युनिज्म के सिवाय कुछ और हो नहीं सकता। भजन नहीं पैदा हो सकता।

जल्दी करो! इस देश की दीनता-दरिद्रता, इस की भुखमरी मिटानी ही होगी।

नहीं तो एक बड़े गड्ढे में गिरेगा, जहां से निकलना मुश्किल हो जायेगा। अंग्रेजों की दासता से मुक्त हो जाना कठिन बात नहीं थी; एक बार यह देश अगर कम्युनिस्ट हो गया तो फिर ये गुलामी की जंजीरें तोड़ना असंभव है, करीब-करीब असंभव है। रूस जैसा देश नहीं तोड़ पा रहा है तो हम तो तोड़ ही नहीं पायेंगे। हम तो बड़ी आसानी से गुलाम हो गए थे और हम तो हजारों साल तक आसानी से गुलाम रहे। और कम्युनिज्म तो भयंकर गुलामी है। हां, रोटी मिल जायेगी, और आत्मा छिन जायेगी, मगर उस कीमत पर रोटी लेना बड़ी ग्लानि की बात होगी। रोटी पैदा की जा सकती है। थोड़ी समझ-बूझ की जरूरत है; रोटी पैदा करना कठिन नहीं है। लेकिन हमारी मूढ़ता इतनी पुरानी हो गई है कि जिन कारणों से हम गरीब हैं, उन्हीं कारणों को हम बढ़ाये चले जाते हैं; और जिन कारणों से हम गरीबी मिटा सकते हैं, उन्हीं कारणों के हम दुश्मन हैं।

इंदिरा की पराजय के पीछे यही कारण था—कुल कारण इतना था कि उसने बड़ी चेष्टा की इस बात की, कि किसी तरह देश की जनसंख्या पर नियंत्रण आ जाये। क्योंकि उसके अतिरिक्त यह देश कभी अमीर नहीं हो सकता। अमीर होना तो दूर भरपेट भी नहीं हो सकता। वही उसकी हार का कारण बना। इंदिरा की हार का कारण कुल जमा इतना था कि इस देश के ऊपर किसी तरह भी अनिवार्य-रूपेण संतति-नियमन थोपने की कोशिश की। संतति-नियमन थोपना ही होगा तो ही यह देश गरीबी से बच सकता है। साठ करोड़ आबादी हो गई है। इस सदी के पूरे होते-होते एक अरब आबादी होगी इस देश की। हमारी कोई सामर्थ्य नहीं है कि हम एक अरब आबादी का पेट भर पायेंगे। लोग रोज भूखे होते जायेंगे और जितने भूखे होते जायेंगे उतने क्रुद्ध होते जायेंगे। और जितने क्रुद्ध होते जायेंगे उतने कम्युनिस्ट होते जायेंगे। अपने-आप! यह अनिवार्य प्रक्रिया है।

इंदिरा की हार इसलिए हुई कि इंदिरा ने सचमुच ही कुछ ठीक काम करने की चेष्टा की थी। और वह काम ऐसा है कि जबर्दस्ती ही करना होगा, नहीं तो होनेवाला नहीं है। अगर तुम लोगों पर छोड़ दो तो लोग तो मानने को राजी नहीं हैं। लोगों को फिकिर ही नहीं है, लोगों को बोध ही नहीं है। वे कहते हैं, परमात्मा देता है बच्चे, हम कौन हैं रोकनेवाले? वे बच्चे पैदा करते जायेंगे—चूहों की तरह बच्चे पैदा करते जायेंगे। और देश रोज गरीब होता चला जाएगा। उनको पता नहीं है, वे क्या कर रहे हैं। जबर्दस्ती ही रोकनी पड़ेगी यह बात, तो ही रुकेगी, नहीं तो

नहीं रुक सकती।

इसको अनिवार्यतः रोकना पड़ेगा। लोगों को बुरा भी लगेगा, क्योंकि उनकी पुरानी आदतों पर बाधा पड़ेगी। जिस आदमी को इसमें ही मजा था कि उसके कितने बच्चे हैं, उस पर अगर रोक डाल दोगे कि दो या तीन बस, तो वह नाराज हो जायेगा, क्योंकि उसके पिता ने तो बारह बच्चे पैदा किये थे और वह दो या तीन बस। यह तो उसकी परंपरा में कभी होता ही नहीं रहा।

इससे पंडित-पुजारी भी नाराज होते हैं, मुल्ला-मौलवी भी नाराज होते हैं, क्योंकि उनकी संख्या कम हो रही है। उनको फिकिर इस बात की है कि मुसलमान कम न हो जायें। उनको फिकिर इस बात की है कि हिंदू कम न हो जायें। जैनियों को फिकर इस बात की है कि जैन कम न हो जायें। उनकी संख्या कम हो गई तो उनकी ताकत कम हो जायेगी। किसी को इस बात की फिकिर नहीं है कि तुम सब अपनी संख्या बढ़ा लोगे, मुसलमान भी ज्यादा, हिंदू भी ज्यादा, जैन भी ज्यादा, यह पूरा देश मर जायेगा।

ये सारे पंडित-पुरोहित, मौलवी, सब जुड़ कर इंदिरा को हराने में सहयोगी हो गये। यह आकस्मिक नहीं था। इंदिरा का कसूर अगर कुछ था तो एक था कि उसने एक ठीक काम करने की चेष्टा की, जो इस देश की रूढ़िग्रस्त मनोदशा को अच्छा नहीं लगा। इंदिरा को हटाकर तुमने बुड्ढे-ठुड्डों को बिठाल दिया, जिनसे कोई आशा नहीं है; जिनकी कोई क्षमता नहीं है; जिनके साथ देश का कोई भविष्य नहीं हो सकता। लेकिन सब इकट्ठे हो गए—सारे प्रतिक्रियावादी, सारे प्रतिगामी। इस देश की सारी मूढ़ता इकट्ठी हो गई।

तुम देखते हो कि कैसा चमत्कार हुआ! सारी राजनैतिक पार्टियां, जिनके सिद्धांतों में कोई भी तालमेल नहीं है, जिनकी विचारधाराओं में कोई तालमेल नहीं है, सब राजी हो गए, इकट्ठे हो गए। इतने अवसरवादी दुनिया में तुम कहीं भी न पाओगे, जिन्होंने अपनी सिद्धांतवादिता, अपने सारे दर्शन, अपनी सारी बड़ी-बड़ी बातें एक क्षण में सत्ता के लिए उतार कर रख दीं। समाजवादी और कांग्रेसी और जनसंघी इकट्ठे हो गए, यह आश्चर्य की बात है। मगर आश्चर्य की नहीं भी है, क्योंकि मुसलमान, हिंदू सभी की पुराणवादिता, सभी की रूढ़िवादिता को चोट पड़ रही थी।

इस देश ने जैसे तय ही कर लिया है कि गरीब रहना है। अगर गरीब रहना है

तो भजन के पैदा होने की अब कोई संभावना नहीं है। जो व्यक्ति के लिए सच है, समाज के लिए भी सच है, राष्ट्र के लिए भी सच है, पूरी मनुष्य-जाति के लिए भी सच है। तुम्हारी देह प्रसन्न होनी चाहिये, उत्फुल्ल होनी चाहिये, स्वस्थ होनी चाहिये।

इसलिये दूसरा काम योगी का है कि देह को प्रसन्न करे, स्वस्थ करे, प्रफुल्ल करे। देह फूल जैसी हो। मुस्कराती हो। आनंद-निमग्न हो। यह मंदिर प्रभु का है, इस मंदिर पर बंदनवार होने चाहिये।

लेकिन तुम्हारे तथाकथित साधु-संन्यासी तुम्हें उलटी बात सिखाते रहे हैं। उन्होंने जहर डाला है। उन्होंने सिखाया है कि देह दुश्मन है; अगर परमात्मा को पाना है तो देह को तोड़ो, सताओ, गलाओ, कांटों की सेज बिछा लो। मारो देह को; जितना मार सको उतने परमात्मा के करीब पहुंचोगे।

झूठी है यह बात। यह शत प्रतिशत झूठी है बात। तुम जितना देह को तोड़ डालोगे उतना ही मंदिर गिर जायेगा। और इसी मंदिर के गिरने में डर है कि कहीं देवता भी न दब जाये। यह मंदिर है, इसका सम्मान चाहिये। गोरख के मन में बड़ा सम्मान है देह का। इसलिये वे कहते हैं: पहले अंतर्यात्रा करो, फिर मंदिर को सम्हालो।

तो दूसरी बात घट। पहले आरंभ। घट। फिर इस घड़े को सम्हालो। इसी में तो कहीं वह छिपा है, उसकी संपदा छिपी है। योग की सारी प्रक्रियाएं इसको सम्हालने के लिए हैं। यम, नियम, प्राणायाम, प्रत्याहार...ये शरीर को तोड़ने के लिए नहीं हैं, शरीर को जोड़ने के लिए हैं, ये शरीर को सौंदर्य, स्वास्थ्य, शक्ति देने के लिए हैं। इनसे शरीर हरा होगा। उसमें फूल आयेंगे। इनके माध्यम से शरीर की जड़ें पृथ्वी में गहरी प्रविष्ट हो जायेंगी।

फिर तीसरी घटना घटती है परिचय की: जब तुम्हारी देह सुंदर होगी, संगीतपूर्ण होगी, लयबद्ध होगी, जब तुम्हारी देह में एक छंद होगा, मस्ती होगी, तब तुम्हारा परिचय होगा चेतना से। तब तुम्हें पहली झलक मिलेगी उसकी जो इस मंदिर में छिपा है; तुम मंदिर में प्रवेश कर गए। उदास, रोते, भूखे, तुम इसमें प्रवेश न कर सकोगे। स्वास्थ्य की तरंग पर ही सवार होना होगा।

पहलै आरंभ घट परचा करौ निसपती।

परिचय हो जाये तब फिर निष्कर्ष लेना, निष्पत्ति। उसके पहले मत कहना कि

ईश्वर है या नहीं। उसके पहले मत कहना कि निर्वाण है या नहीं। उसके पहले कोई निष्पत्ति मत लेना, न हां न ना, न तो आस्तिक बनना न नास्तिक बनना। क्योंकि उसके पहले ली गई निष्पत्तियां स्वानुभव पर आधारित नहीं हैं, उधार हैं, बासी हैं, दूसरों के द्वारा दी गई हैं। पता नहीं दूसरों ने ठीक दी हों, गैर-ठीक दी हों। पता नहीं दूसरे धोखेबाज रहे हों। पता नहीं दूसरे खुद धोखा खा गए हों, धोखेबाज न भी रहे हों! कौन जाने!

मनुष्य को खयाल रखना चाहिये कि मैं अपने ही ज्ञान पर भरोसा करूंगा; मैं अपना ही आधार बनूंगा; मैं अपना दीया खुद बनूंगा। तो निष्पत्ति लेना। यह बड़ा प्यारा विचार हुआ। पहले अंतर्यात्रा, फिर देह का सुसमायोजन, फिर चेतना की प्रतीति, ध्यान, फिर समाधि निष्पत्ति।

नरवै बोध कथंत श्री गोरषजती।।

और गोरख कहते हैं: इतना तुम कर लो तो तुम्हें बोध हो जाये कि तुम सम्राट हो। मालिकों का मालिक तुम्हारे भीतर बैठा है। साहिबों का साहिब तुम्हारे भीतर बैठा है। मगर तुम दौड़े चले जाते हो। तुम न मालूम कहां-कहां दौड़ते हो—एक जगह छोड़कर तुम सब जगह दौड़ते हो।

मैंने सुनी है एक कथा कि ईश्वर ने जब पहली दफा दुनिया बनाई तो वह यहीं रहता था बीच बाजार में, एम. जी. रोड पर। स्वभावतः अपनी दुनिया बनाई थी, दुनिया के बीच में रहता था; लेकिन उसे लोग बड़ा परेशान करने लगे। शिकायतें और शिकायतें। यह ठीक नहीं, वह ठीक नहीं। और शिकायतें भी ऐसी विरोधाभासी कि उन्हें पूरा भी करना चाहे तो न कर सके। कोई कहे कि कल पानी मत गिराना, क्योंकि कल हमने कुछ कपड़े रंगे हैं, उन्हें सुखाना है। और कोई कहे कल पानी गिरा देना, क्योंकि हमने बीज बोये हैं, कहीं सूख न जायें। कोई कहे कल धूप निकाल देना, कोई कहे कल धूप न निकले; क्योंकि हम जरा यात्रा पर जा रहे हैं, छाया रहे तो अच्छा रहेगा। ईश्वर पगलाने लगा होगा। किसकी करो पूरी बात! एक की करो तो अनेक की नहीं होती। इसकी करो तो उसकी टूट जाती है। वह घबड़ा गया। उसे न दिन सोने दें लोग न रात सोने दें लोग। बीच रात में जाकर दरवाजा खटखटाने लगें कि ऐसा कर देना, कि वैसा कर देना, कि कल सुबह सूरज ही न निकले, कि जरा जल्दी निकाल देना सूरज क्योंकि खेत पर काम करना है, अंधेरे में दिक्कत होती है।

उसने अपने देवताओं को बुलाया, अपने वजीरों को बुलाया कि मुझे कुछ रास्ता बताओ, मैं पागल हो जाऊंगा। मैं कहां छिप जाऊं? मुझे मेरे लोगों से बचाओ। मैंने इन्हें बनाया, अब ये मेरी मुश्किल कर रहे हैं। मुझसे एक भूल हो गई कि मैंने आदमी बनाया।

इसलिये तुम्हें पता है, ईश्वर ने आदमी के बाद फिर कुछ नहीं बनाया। बुद्धि आ गई, अकल आ गई। उसके पहले बहुत कुछ बनाया, झाड़ बनाये, पशु-पक्षी बनाये, पहाड़-नदी, चांद-तारे, फिर आदमी; और वह जो आदमी बनाया, फिर कुछ नहीं बनाया। तब से करोड़ों साल बीत गए, ईश्वर बिलकुल हाथ रोके बैठा है। बनाता ही नहीं कुछ। भूल ऐसी हो गई कि अब इस भूल से और आगे उसकी हिम्मत टूट गई है।

तो उसने कहा, मुझे कुछ बनाना नहीं है; लेकिन जो बन गया बन गया। मैं कहां छिप जाऊं। किसी ने कहा हिमालय पर छिप जाएं, गौरीशंकर पर। उसने कहा कि जल्दी ही, तुम्हें पता नहीं है, अभी कुछ ही क्षण बीतेंगे और हिलेरी और तेनसिंग एवरेस्ट पर चढ़ जायेंगे। और एक दफा एक पहुंच गया, तो फिर पीछे बस आयेगी और होटल बनेगी और एम. जी. रोड...हेलिकाप्टर से लोग आने लगेंगे। तुमको पता नहीं है, थोड़े दिन की बात है। यह कोई हल नहीं है स्थायी।

तो किसी ने कहा चांद पर...तो उसने कहा, वह भी कुछ नहीं होगा। जल्दी ही आर्मस्ट्रांग पहुंच जायेगा। और फिर रूसी पहुंचेंगे और झंझटें खड़ी होंगी। तब एक बूढ़े देवता ने उसके कान में आकर कुछ कहा और वह प्रसन्न हो गया। उसने कहा, यह बात ठीक, यह जंचती है। उस बूढ़े ने कहा, आप ऐसा करो आदमी के भीतर छिप जाओ। आदमी चांद-तारों पर चला जायेगा, मगर अपने भीतर कभी नहीं जायेगा; उसे याद ही न आयेगी।

तब से ईश्वर तुम्हारे भीतर छिपा बैठा है—और बड़े मजे में है। कभी-कभार कोई गोरखजती पहुंच जाते हैं। मगर तब तक उनकी सब शिकायतें छूट जाती हैं। तो उनसे मिलकर परमात्मा आनंदित ही होता है। उनसे मिलकर नाचता ही है। ऐरे-गैरे-नत्थूखैरे वहां पहुंच नहीं पाते। उनको दिल्ली जाने से फुरसत नहीं है। कोई गोरखजती, कोई गौतम बुद्ध, कोई वर्धमान महावीर...पर ऐसे लोगों से तो बैठकर उसे भी आनंद मिलता है। इनके संग-साथ में तो वह भी प्रसन्न होता है। महफिल जम जाती होगी, मधु का दौर चलने लगता होगा। रससिक्त बातें होती होंगी, कि

गीत गाये जाते होंगे, कि नाच, कि मृदंग बजती होगी, कि वीणा का तार छेड़ा जाता होगा। पर परमात्मा तुम्हारे भीतर है। तुम परमात्मा हो।

नरवै बोध कथंत श्री गोरषजती।।

ऐसा अगर भीतर चलो, जरा-सा बोध ले आओ, ये चार काम पूरे कर लो, निष्पत्ति मिल जाए, जीवन को निष्कर्ष मिल जाए, जीवन को अर्थ मिल जाए।

पहलै आरंभ छांड़ौ काम क्रोध अहंकार।

और अगर आरंभ करना है इस यात्रा का तो छोड़ना होगा—काम। काम का अर्थ होता है: दूसरे के बिना मेरा नहीं चलेगा। दूसरा चाहिए ही चाहिए। स्त्री हो तो पुरुष चाहिए, पुरुष हो तो स्त्री चाहिये। दूसरे की जरूरत है। विपरीत की जरूरत है। और विपरीत बाहर है तो पुरुष स्त्रियों के पीछे दौड़ रहे हैं, स्त्रियां पुरुषों के पीछे दौड़ रही हैं।

काम से मुक्त होने का अर्थ है: पहले मैं यह तो देख लूं कि मैं कौन हूं? वस्तुतः मुझे दूसरे की जरूरत है या नहीं? अभी मुझे यही पता नहीं मैं कौन हूं, मैं दूसरे को खोजने चला! जो अपने से परिचय बना लेता है चकित हो जाता है, दूसरे की कोई जरूरत नहीं है। स्वयं होना पर्याप्त है।

छांड़ौ काम क्रोध अहंकार।

और जिसने काम छोड़ दिया, जिसे दूसरे की जरूरत न रही, उससे क्रोध अपने-आप छूट जाता है। क्रोध काम की छाया है। सिर्फ कामी क्रोधी होता है। क्यों? क्योंकि जिसकी कामना है उसकी कामना में अगर कोई बाधा डाल दे तो क्रोध पैदा होता है। जिसकी कोई कामना ही नहीं है, उसको तुम क्रोधित कैसे करोगे? तुम कुछ भी बाधा डालते रहो, उसकी कोई कामना नहीं है। इसलिये तुम्हारी बाधा से कोई पीड़ा नहीं होती। तुम्हारी बाधा भी बाधा नहीं मालूम होती।

जीसस ने कहा है: जो एक गाल पर चांटा मारे, दूसरा उसके सामने कर देना। और जो तुम्हारा कोट छीन ले, उसे कमीज भी दे देना। और जो तुमसे कहे एक मील बोझ ढो कर ले चलो, तुम दो मील चले जाना।

जिसकी कोई कामना नहीं उसे कोई अड़चन न रही। जिसे दूसरे की जरूरत ही न रही, दूसरा उसे परेशान भी नहीं कर सकता। यह बहुत समझने की बात है। तुम्हें दूसरा तभी तक परेशान कर सकता है जब तक दूसरे की तुम्हें जरूरत है। इसलिये बहुत उलझाव पैदा होता है। पति को पत्नी की जरूरत है, इसलिये पत्नी परेशान

कर सकती है। पत्नी को पति की जरूरत है, इसलिये पति परेशान कर सकता है। इसलिये प्रेमी एक-दूसरे को प्रेम भी करते हैं और एक-दूसरे से नाराज भी रहते हैं और लड़ते भी हैं, झगड़ते भी हैं। क्यों? क्योंकि जिसके ऊपर हम निर्भर हैं, यह निर्भरता कष्ट देती है कि उसके हाथ में हमारी कुंजी है। हम अपने मालिक न रहे।

इसलिये प्रेमी संघर्ष करते रहते हैं इस बात का कि कौन मालिक है—मैं कि तू? विवाह के बाद पति-पत्नी का एक ही संघर्ष है कि असली में मालिक कौन है। इसको वे कहें न स्पष्ट रूप से...स्पष्ट रूप से कहा भी नहीं जा सकता। ये तो राजनैतिक दांव-पेंच हैं। कहना नहीं पड़ता। पत्नी अपनी चालें चलती है। पति अपनी चालें चलता है। दोनों अपनी-अपनी गोटें बिठालते रहते हैं—कौन मालिक है? हर बहाने से यह सिद्ध करना है कि कौन मालिक है। पत्नी कुछ कहेगी तो पति उसका विरोध करता है, चाहे बात विरोध करने की हो या न हो। पति कुछ कहेगा तो पत्नी विरोध करती है। छोटी-छोटी बातें कि किस फिल्म को देखने चलना है, और झगड़ा।

एक दिन मुल्ला नसरुद्दीन और उसकी पत्नी में बहुत झगड़ा हुआ। घंटे डेढ़ घंटे तक बड़ी गरमा-गरमी हो गई। फिर मुल्ला बाहर निकल गया। हालत ऐसी हो गई थी कि अब मारपीट की नौबत आ गई थी। बाहर निकल गया। ठंडी हवा में थोड़ा घूमा-फिरा, थोड़ा चित्त शांत हुआ। बात छोटी-सी थी—किस फिल्म में जाना? सोचा उसने कि इस छोटी-सी बात में क्या रखा है, चलो उसकी ही मान लो। थोड़ा बोध आया कि झगड़ा क्या करना। और फिर झगड़ा महंगा भी है। अभी भूख भी लगनी शुरू हो रही है। अभी वह खाना पकायेगी नहीं, अभी रात सोना भी है, वह रात सोने भी नहीं देगी। तकिये फेंकेगी। उलटा-सीधा कुछ उपद्रव मचायेगी, कि रेडिओ जोर से लगा देगी। झंझटें एकदम आसान तो नहीं हैं, हल तो नहीं हो जातीं। तुमने जब पैदा कर दिया उपद्रव तो उसका सिलसिला चलेगा। सब सोच-समझकर, गणित बिठाकर उसने कहा, बेहतर है जिस फिल्म में जाने को कहती है उसी में चले जाना अच्छा है। अंदर आया और उसने कहा कि प्रसन्न हो जा, मैं तेरी माने लेता हूं, तू जिस फिल्म में चलने को कहती है वहीं जाते हैं। पत्नी ने उसकी तरफ देखा और उसने कहा, लेकिन अब मैंने अपना इरादा बदल दिया है। अब राजी होने से कुछ भी नहीं होगा। अब मुझे उस फिल्म में जाना ही नहीं है।

झगड़ा ही अगर मुद्दा है तो इससे कोई फर्क नहीं पड़ता, यह तो निमित्त है।

लेकिन प्रेमी झगड़ते हैं, मनोवैज्ञानिक कहते हैं, उसका मौलिक कारण यह है कि जैसे ही तुम किसी के प्रेम में पड़े, तुम्हें एक बात समझ में आनी शुरू हो गई कि तुम्हारा सुख दूसरे पर निर्भर है। तो दूसरा जब देगा तब देगा। दूसरा छीन ले तो छीन ले। तुम अपने मालिक न रहे। तुम गुलाम हो गये। गुलामी से पीड़ा होती है। पीड़ा से क्रोध पैदा होता है। क्रोध से संघर्षण।

काम-क्रोध साथ-साथ हैं। और जहां काम और क्रोध हैं, उन दोनों के मध्य में ही अहंकार खड़ा होता है। अगर तुम दूसरे पर जीत लिये तो अहंकार मजबूत होता है; अगर दूसरे से हार गए तो अहंकार छिप जाता है, भूमि के अंतर्गत हो जाता है। दूसरा रास्ता खोजता है कि कहीं और से जीतें।

जिसकी न कोई कामना है, न जिसका कोई क्रोध है, उसका अहंकार अपने-आप विलीन हो जायेगा। ये काम-क्रोध के दो पंख हैं, जो अहंकार के पक्षी को उड़ाते हैं।

पहलै आरंभ छांड़ों काम क्रोध अहंकार। मन माया विषै विकार।

छोड़ो यह सवाल कि बाहर से कभी कुछ मिल सकता है। कभी न किसी को कुछ मिला है न मिलेगा। जितना मांगोगे उतना ही परेशान होओगे, उतना ही विषाद होगा।

मैंने चांद और सितारों की तमन्ना की थी
मुझको रातों की सियाही के सिवा कुछ न मिला
मैं वह नग्मा हूं जिसे प्यार की महफिल न मिली
वह मुसाफिर हूं जिसे कोई भी मंजिल न मिली
जख्म पाए हैं, बहारों की तमन्ना की थी
मैंने चांद और सितारों की तमन्ना की थी।
किसी गेसू, किसी आंचल का सहारा भी नहीं
रास्ते में कोई धुंधला-सा सितारा भी नहीं
मेरी नजरों ने नजारों की तमन्ना की थी
मैंने चांद और सितारों की तमन्ना की थी।
दिल में नाकाम उमीदों के बसेरे पाए
रोशनी लेने को निकला तो अंधेरे पाए
रंग और नूर के धारों की तमन्ना की थी

मैंने चांद और सितारों की तमन्ना की थी।

मुझको रातों की सियाही के सिवा कुछ न मिला।

किसी को भी कभी कुछ और मिला नहीं—रात की स्याही मिली है। मांगो चांद-सितारे, मांग के लिये तुम स्वतंत्र हो; लेकिन तुम्हारी मांग के अनुसार कभी कुछ होता नहीं है। मांगने के कारण तुम भिखारी हो जाते हो। भिखारी होने के कारण तुम्हारा मूल्य ही गिर जाता है। तुम परमात्मा से दूर छिटक जाते हो। तुम मालिक हो जाओ। उस मालिक से मिलना हो तो मालिक हो जाओ। मालिक से ही मालिक मिल सकता है। समानधर्माओं की मुलाकात होती है। भिखमंगे होकर तुम परमात्मा से न मिल सकोगे, मालिक होकर ही मिल सकोगे; उस जैसे ही होकर मिल सकोगे।

मालिक होने का क्या अर्थ है? कोई मांग न रही—न माया की, न काम की, न लोभ की, न धन की, न पद की, कोई मांग न रही। तुमने कहा : जैसा तूने मुझे बनाया, मैं राजी हूं। जैसा हूं उससे राजी हूं। बस ऐसा ही परिपूर्ण राजी हूं। ऐसी स्थिति में तुम्हारे भीतर सम्राट का जन्म हो जाता है। फिर तुम अगर भिखमंगे भी हो तो सम्राट हो गए। अभी तो अगर तुम सम्राट भी हो तो बस नाममात्र के, भीतर तुम भिखमंगे ही हो।

मन माया विषै विकार। हंसा पकड़ि घात जिनि करौ।

इन्हीं सबने मिलकर तुम्हारी आत्मा को पकड़कर मार डाला है। इन्होंने ही तुम्हारे भीतर के हंस की गर्दन दबा दी है।

हंसा पकड़ि घात जिनि करौ। तृस्नां तजौ लोभ परहरौ।

छोड़ो यह तृष्णा। छोड़ो यह लोभ। इन्होंने ही तुम्हें मारा। इन्हीं के जहर ने तुम्हें समाप्त किया हुआ है।

छांड़ौ दंद रहौ निरदंद।

यह दो की भाषा छोड़ो। मैं और तू की भाषा छोड़ो। निर्द्वंद्व हो जाओ। जहां तू गया, तू की आकांक्षा गई, वहां मैं भी चला जाता है। तब एक सन्नाटा रह जाता है। सन्नाटा—जैसे तूफान के बाद देखा हो। या सन्नाटा—जैसा तूफान के पहले होता है। या सन्नाटा—अगर समझ हो तो तूफान के मध्य में भी होता है। अगर बोध हो तो बाजार में भी सन्नाटा होता है। क्योंकि भीतर तो सन्नाटा सदा है, वहां तो शाश्वत शांति है। तुम्हें अगर भीतर डुबकी लगाना आ जाए तो बाहर की कोई

अशांति उसे खंडित न कर पायेगी, बाहर का कोई विघ्न, विघ्न न बनेगा।

छांड़ौ दंद रहौ निरदंद। तजौ अल्यंगन रहौ अबंध।

यह दूसरे का आलिंगन छोड़ो, क्योंकि इसी आलिंगन में तुम बंध गये हो। दूसरे के कारण ही तुम्हारा जीवन कारागृह हो गया। दूसरे के कारण ही जीवन में जंजीरें पड़ गई हैं। दूसरों की ही दीवाल है, जिसमें तुम घिर गए हो।

तजौ अल्यंगन रहौ अबंध।

मुक्त होना है, स्वतंत्र होना है, आकाश जैसी स्वतंत्रता और असीमता चाहिए तो फिर निर्द्वंद्व होना सीखना पड़ेगा।

सहज जुगति ले आसण करौ।

सहज की साधना सीखो। सहज जुगति! वही है असली युक्ति। क्या है सहज की साधना? कुछ होना न चाहो। कुछ होने के कारण ही, कुछ होने की आकांक्षा से आदमी असहज होता है। जब तुम कुछ होना चाहते हो तो तुम्हारे सामने एक आदर्श हो जाता है—यह होना है!

जैसे समझो कि तुम बुद्ध होना चाहते हो, तो फिर क्या होगा? तुम अगर बुद्ध होना चाहते हो तो तुम बुद्ध का अनुकरण शुरू कर दोगे। तुम यह भूल ही जाओगे मैं कौन हूं; तुम बुद्ध का आचरण करने लगोगे। अगर तुम महावीर होना चाहते हो तो तुम महावीर जैसे नग्न खड़े हो जाओगे। यह तुम्हारी निजता न हुई। तुम कुछ होना चाहते हो, कोई आदर्श तुम्हारे जीवन में आया कि तुम झूठे हुए।

आदर्श के साथ आता है पाखंड। आदर्श का मतलब है : भविष्य में कोई एक दूर सितारा है, वैसा मुझे होना है—कि महावीर, कि कृष्ण, कि बुद्ध। और तुम्हें पता है बुद्ध दुबारा नहीं हुए? कोई दूसरा व्यक्ति बुद्ध जैसा नहीं हो सकता, होने की जरूरत भी नहीं है। न कोई दूसरा महावीर कभी होता है। तुम तुम्हीं होने को पैदा हुए हो, कुछ और होने को पैदा नहीं हुए हो। और बुद्ध भी इसीलिये बुद्ध हो सके कि उन्होंने कृष्ण होने की चेष्टा नहीं की थी, न राम होने की चेष्टा की थी। बुद्ध बुद्ध हो सके, क्योंकि अपनी निजता में डूबे। तुम भी बस तुम ही हो सकते हो। अद्वितीय हो तुम। तुम्हारे जैसा न कोई व्यक्ति कभी हुआ है न होगा। परमात्मा पुनरुक्ति करता ही नहीं। परमात्मा कोई टूटा-फूटा ग्रामोफोन रिकार्ड नहीं है कि वही गाना, वही गाना, वही गाना चलता रहे।

परमात्मा नित्यनूतन है, प्रवाहमान है, गतिशील है। कोई गंदा डबरा नहीं है

भरा हुआ कि सड़े और कीचड़ पैदा हो। बहाव है, प्रवाह है; गंगा है, बही जाती है।

असहजता पैदा होती है आदर्श से। मनुष्य पाखंडी हुआ, असहज हुआ, जटिल हुआ—आदर्शों के कारण। लोग सिखा रहे हैं एक-दूसरे को। मां-बाप सिखाते हैं बच्चों को—ऐसे हो जाओ...कि देखो तुम्हें बनना है बुद्ध जैसा, कि बनना है सिकंदर जैसा, कि बनना है ऐसा। कोई मां-बाप अपने बच्चों को नहीं कहते कि तुम्हें तुम्हीं बनना है। बचना बुद्धों से। बचना महावीरों से। वे हो गए। सुंदर थे, महिमापूर्ण थे, मगर उनसे कोई एक बात सीखनी हो तो यही सीखना कि वे अपनी निजता में जीये, तुम भी अपनी निजता में जीना। आचरण मत करना, अनुकरण मत करना। अनुकरण और आचरण आदमी को झूठा कर देते हैं, क्योंकि द्वंद्व पैदा हो जाता है। तुम कुछ हो, कुछ थोपते हो, तो दोहरी बात हो जाती है। हो कुछ, करते कुछ हो। हो कुछ, बोलते कुछ हो। तुम्हारे कपड़े कुछ, तुम्हारी आत्मा कुछ। तुम्हारे बाहर-भीतर के रंग में भेद पड़ जाता है। तुम्हारे भीतर खंड हो जाते हैं। और खंडित हो जाना असहज है।

सहज का अर्थ होता : अखंड जीना। तुम जैसे हो वैसे ही जीयो।

जरा सोचो इस बात को। यह बहुत बहुमूल्य बात है। तुम जैसे हो बस वैसे जीयो। बुरे तो बुरे, भले तो भले। तुम सारी दुनिया को अपनी वस्तुस्थिति से वाकिफ हो जाने दो। तुम अपने को उघाड़ दो। तुम कह दो कि ऐसा मैं हूं। यह मेरी नियति। ऐसा मुझे परमात्मा ने बनाया। उसकी ऐसी मर्जी। स्वीकार करे दुनिया तो ठीक, अस्वीकार करे तो ठीक।

जब तुम चाहोगे कि दुनिया मुझे स्वीकार करे ही, तब यह अड़चन शुरू होगी। तब यह होगा कि दुनिया जैसा चाहेगी वैसा तुम्हें होना पड़ेगा। जब तुम चाहोगे कि दुनिया मुझे सम्मान दे तो अड़चन शुरू होगी, क्योंकि दुनिया सम्मान देगी अपनी शर्त के आधार पर। उसकी शर्तें पूरी करोगे तो सम्मान देगी। उसकी शर्तें अगर पूरी नहीं हुई तो असम्मान करेगी।

जिस आदमी ने कुछ होना चाहा, वह भयग्रस्त हो जायेगा। जो भयग्रस्त हुआ, कमजोर हुआ, आत्मा खोई उसने। कुछ होना मत चाहना; तो तुम पर्याप्त हो। परमात्मा की दृष्टि में तुम अंगीकार हो, अन्यथा तुम होते ही नहीं। उसने तुम्हें स्वीकारा है।

जुन्नैद के जीवन में कथा है। नए गांव में आकर ठहरा जुन्नैद। सूफी फकीर था, बड़ा फकीर था। उसके पड़ोस में ही एक शरारती, उपद्रवी आदमी था। दो-चार दिन तो उसने देखा, फिर उसके बर्दाश्त के बाहर हो गया। एक सांझ प्रार्थना कर रहा था, नमाज में था, प्रार्थना के बाद उसने कहा: हे प्रभु, इस आदमी को समाप्त कर। इसकी क्या जरूरत है दुनिया में? यह मेरा पड़ोसी। यह सिवाय उपद्रव के और कुछ भी नहीं है। यह तेरे लोगों को सताता है, परेशान करता है, दुष्ट है।

जुन्नैद को कभी किसी प्रार्थना में परमात्मा का उत्तर न आया था, उस दिन आया। परमात्मा ने कहा: जुन्नैद, तू चार दिन से यहां है। मैं इस आदमी के साथ साठ साल से हूं। यह साठ साल से मेरा पड़ोसी है, क्योंकि मेरे तो सभी पड़ोसी हैं। मैं इसे साठ साल से बर्दाश्त कर रहा हूं, तू चार दिन न कर सका? और जब मैं इसे साठ साल से बर्दाश्त कर रहा हूं तो इसमें कुछ होगा, इसका कुछ राज होगा। तुझे यह तो सोचना था, कम-से-कम प्रार्थना करने के पहले, कि जो परमात्मा को स्वीकार है, उसमें तुझे क्या शिकायत हो सकती है।

यह बात प्रीतिकर है। जुन्नैद ने उस दिन से फिर किसी आदमी के सुधार की प्रार्थना भी नहीं की, क्योंकि जैसी परमात्मा की मर्जी। जैसा है ठीक है। हम कौन?

जीसस के पास कुछ लोग एक स्त्री को लाये और उन्होंने कहा कि इसने व्यभिचार किया है। और पुराने शास्त्र में लिखा है कि पत्थर मारकर इसकी हत्या कर देनी चाहिये। आप क्या कहते हैं?

जीसस नदी के किनारे बैठे थे। जीसस सोच में पड़े होंगे। पत्थर मारकर हत्या कर देना, अगर इसकी आज्ञा दें, तो हिंसा होगी। फिर जीसस के प्रेम के सिद्धांत का क्या होगा? और अगर कहें कि नहीं क्षमा कर दो, तो लोग नाराज होंगे। लोग कहेंगे, तुम हमारे पुराने धर्म का खंडन कर रहे हो, हमारे पुराने शास्त्रों का खंडन कर रहे हो। लोग यही चाहते थे असल में। लोग आये ही इसलिए थे कि अगर जीसस कहेंगे कि क्षमा कर दो इसको, तो हम ये पत्थर जीसस को ही मारेंगे, क्योंकि वे हमारे पुराने धर्मग्रंथ के खिलाफ बात कर रहे हैं। और अगर उन्होंने कहा कि मारो इसे पत्थर तो हम इस स्त्री की हत्या भी करेंगे और जीसस से कहेंगे: क्या हुआ तुम्हारे प्रेम का, तुम्हारी करुणा का? कहां गई तुम्हारी करुणा, कहां गया तुम्हारा प्रेम? सब धोखाधड़ी की बातें हैं।

मगर उन्हें पता नहीं था कि जीसस क्या उत्तर देंगे। जीसस ने कहा कि ठीक

कहते हैं पुराने शास्त्र। ठीक ही कहते होंगे। उठा लो पत्थर, इस स्त्री की हत्या कर दो। लेकिन पत्थर वे ही लोग मारें, जिन्होंने कभी व्यभिचार न किया हो और कभी व्यभिचार का विचार न किया हो।

वे जो पंच गांव के आगे खड़े थे, मेयर रहा होगा और म्युनिसिपल कमेटी के मेंबर और सब, वे जल्दी से पीछे हट गए भीड़ में, कि कौन झंझट करे! गांव-भर जानता है। सबकी हरकतें जानता है। और अगर व्यभिचार न भी किया हो तो विचार तो किया ही है। ऐसा आदमी तो खोजना कठिन है जिसने व्यभिचार का विचार न किया हो; जो मोहित न हुआ हो, आकर्षित न हुआ हो। वे चुपचाप पीछे हट गए। धीरे-धीरे वे जो लोग आये थे, उनके हाथ में पत्थर थे, पत्थर उन्होंने वहीं गिरा दिये, और धीरे-धीरे लोग नदारद होने लगे। सांझ हो रही थी, सूरज ढल रहा था, सूरज के ढलते ही जैसे ही अंधेरा हुआ, लोग भाग गये वहां से। स्त्री अकेली छूट गई। उस स्त्री ने जीसस के चरणों पर सिर रखा और कहा कि आप मुझे जो भी सजा देना चाहें दें, मैं व्यभिचारिणी हूं। मैं स्वीकार करती हूं। मैं पापिनी हूं। और आपकी करुणा ने मेरे हृदय को गदगद कर दिया। आप जो भी सजा दें...।

जीसस ने कहा कि मैं कौन हूं सजा देनेवाला? मैं तेरे और तेरे परमात्मा के बीच कौन हूं? तू जान, तेरा काम जाने, और तेरा परमात्मा जाने। मैं कोई निर्णय नहीं लेता। अगर तुझे लगता हो कि कुछ गलत किया है तो अब मत करना। और तुझे लगता हो कि जो है वह ठीक है, तो जारी रखना। निर्णायक परमात्मा होगा। तेरे और परमात्मा के बीच अंतिम निर्णय होने वाला है, कोई बिचवइया नहीं है। तू जा।

खयाल करते हो इस बात में? जीसस का प्रसिद्ध वचन है : बुराई की भी निंदा मत करना। बुराई की भी! क्यों? इसलिये कि अगर परमात्मा चला रहा है तो कुछ कारण होगा। अपने भीतर जागना, जीना; लेकिन जीने का सूत्र निकलता हो निजता से।

सहज जुगति ले आसण करौ।

अगर तुम्हारा जीवन सहज हो जाये तो बस ठहर गए, आसन लग गया। यही असली आसन है। पालथी मारकर और सिद्धासन लगाना असली आसन नहीं है। वह तो कोई भी लगा ले। वह तो कवायद है। व्यायाम है, अच्छा है; करो तो शरीर के लिए स्वास्थ्य कर है; लेकिन उससे कोई आत्मा नहीं मिल जायेगी। सहजता में,

निजता में जो आसन लग जाता है, तो आत्मा का अनुभव शुरू होता है।

तन मन पवना दिढ करि धरौ।।

फिर अपने-आप तन-मन, पवन, श्वास शांत होने लगती है, दृढ़ होने लगती है। तुम सहज जीयो।

तुमने देखा, जब भी तुम झूठ बोलते हो तुम्हारी श्वास कंप जाती है। देखना। जब भी तुम झूठ बोलोगे, तुम्हारी श्वास डांवांडोल हो जायेगी; उसकी सहजता, उसका छंद टूट जायेगा। जब भी तुम सच बोलोगे, छंद जारी रहेगा।

इसी आधार पर वैज्ञानिकों ने मशीन बना ली है—झूठ पकड़ने की मशीन। पश्चिम की अदालतों में उसका उपयोग भी शुरू हो गया है। आदमी को पता ही नहीं चलता कि उसके पैर के नीचे मशीन लगी है। उसे जब खड़ा करते हैं अदालत में तो उसके नीचे मशीन लगी है और मजिस्ट्रेट के सामने ग्राफ बनता जाता है। जैसे कार्डियोग्राम में ग्राफ बनता है, वैसे ही मजिस्ट्रेट के सामने ग्राफ बनता जाता है। उससे पूछा जाता है, इस समय घड़ी में कितने बजे हैं? वह कहता है सवा नौ। झूठ क्यों बोलेगा? घड़ी अदालत में लगी है, ग्राफ बन रहा है। उससे पूछा जाता है कि यहां कितने लोग हैं? वह गिनती कर देता है कहता है, कि पंद्रह। झूठ क्यों बोलेगा? झूठ बोल भी कैसे सकेगा? ग्राफ बन रहा है। ऐसी दो-चार बातें पूछते हैं, जिसमें वह झूठ बोल ही न सके। फिर उससे पूछते हैं, तुमने चोरी की? हृदय तो कहना चाहता है हां, क्योंकि की है तो हृदय को तो पता ही है। तो हृदय तो कहता है, हां! और वह दबाता है हां को। और खोपड़ी से कहता है कि नहीं। बस इसी में उसकी सांस डांवांडोल हो जाती है, ग्राफ डांवांडोल हो जाता है। पकड़ा गया। वह झूठ बोल रहा है।

कोई आदमी झूठ नहीं बोल सकता बिना श्वास को डांवांडोल किये। तो जो आदमी सच जीता है, सहज जीता है, उसकी श्वास अपने से थिर होती जाती है। तुम जानकर यह हैरान होओगे कि ध्यान में एक ऐसी घड़ी आती है सहजता की, कि जब श्वास बिलकुल ठहर जाती है। बिलकुल! अगर तुम ध्यानस्थ व्यक्ति के सामने आईना ले जाओ तो आईने पर भी श्वास की कोई छाया नहीं पड़ती, आईने पर भी कोई श्वास का धब्बा नहीं पड़ता। साधारणतः आईने को पास लाओगे नाक के तो भाप निकल रही है, वह आईने को आच्छादित कर देगी। और इसलिये कभी-कभी ध्यान में जाता हुआ व्यक्ति घबड़ा जाता है, कि कहीं मैं मर तो नहीं

रहा हूं! घबड़ाने की कोई जरूरत नहीं। मर नहीं रहे हो, पहली बार तुम्हें जीवन का, परम जीवन का, स्पर्श हो रहा है। सब ठहर गया है, श्वास तक ठहर गई है। इतनी गहन शांति है कि हलन-चलन बंद हो गया है।

संजम चितओ जुगत अहार।

संयम का अर्थ : मध्य में होना। न इस अति पर जाना न उस अति पर। न तो ज्यादा खाना न कम खाना। न ज्यादा सोना न कम सोना। मध्य में रहना।

संजम चितओ!

और जिसके चित्त में संयम आ गया, मध्य आ गया, सब सुधर गया।

जुगत आहार!

फिर युक्तिपूर्वक आहार करना। व्यर्थ का आहार मत करना। आहार शब्द बड़ा है। उसका अर्थ सिर्फ भोजन नहीं होता। आहार का अर्थ होता है : जो भी तुम भीतर लेते हो। कोई आदमी आया और करने लगा गपशप। जो आदमी संयमी है, वह कहेगा : भाई, यह आहार मुझे मत करवाओ। मेरे कान में यह व्यर्थ की गपशप न डालो। क्या प्रयोजन? मुझे इसमें कुछ रस नहीं है। क्योंकि यह भोजन है कान का। जो आदमी युक्तिपूर्वक आहार करता है, वह कूड़ा-करकट नहीं पढ़ेगा। वह व्यर्थ की चीजें नहीं पढ़ता रहेगा। क्यों? क्योंकि वह भी आहार है। वह व्यर्थ के दृश्य भी नहीं देखेगा। वह टेलीविजन पर बैठकर मारकाट नहीं देखता रहेगा। वह फिल्म में जाकर नहीं बैठ जायेगा कि वही पिटी-पिटाई कहानियां, वही प्रेम, वही त्रिकोण और देख रहा है, फिर-फिर वही देख रहा है। इस कचरे को वह भीतर नहीं ले जायेगा। चूंकि जो भी तुम भीतर डालते हो, उससे तुम निर्मित हो रहे हो। भोजन ही नहीं है अकेली चीज आहार; सब चीजें जो तुम भीतर ले जाते हो, आहार हैं।

न्यंद्रा तजौ जीवन का काल।

और ऐसा व्यक्ति मूर्च्छा छोड़ने लगेगा। निद्रा का अर्थ यह मत समझना कि वह सोयेगा ही नहीं। सोयेगा, लेकिन अब निद्रित नहीं सोयेगा। यह जरा सोचने की बात होगी। अब निद्रित जागेगा भी नहीं। तुम तो जागे हुए भी सोये हुए हो। चले जा रहे रास्ते पर, हजार विचार चल रहे हैं, वहीं उलझे। न तो रास्ता दिखाई पड़ रहा है और न लोग दिखाई पड़ रहे हैं। चले जा रहे हैं। अगर तुमसे कोई अचानक पूछ बैठे कि तुम जिस रास्ते से गुजर कर आये हो उस रास्ते के किनारे

जो वृक्ष है, उस पर फूल खिले हैं या नहीं? तुम कहोगे कि देखा ही नहीं। और वहीं से निकलते हो रोज। दफ्तर जाते रोज वहीं से, घर आते वहीं से, रोज...। फूल खिले हैं, देखा ही नहीं। देखोगे कैसे? तुम तो अपने विचारों में उलझे चले आ रहे हो।

लोग अपने विचारों में दबे चल रहे हैं। सोये चल रहे हैं। यही निद्रा है। जैसे-जैसे निर्विचार होओगे, जागरण आयेगा। तब तुम चकित होकर पाओगे कि जगत बहुत सुंदर है। आंख से धूल हट गई विचारों की तो जगत का प्रतिबिंब ठीक-ठीक बनने लगता है। विचारों की तरंगें भीतर बंद हो गईं तो झील शांत हो गई। शांत झील पर पूरा चांद उतर आता है। जगत अपूर्व रंगों से भर जाता है। लेकिन जब तक यह चित्त की धूल है तब तक जगत बासा-बासा मालूम होता है। ऐसा लगता है सब वही है।

यहां कुछ भी वही नहीं है। सब रोज नया हो रहा है। जो सूरज तुमने कल विदा किया था, ठीक सूरज आज वैसा ही विदा नहीं होगा; आज की सांझ कुछ नये रंग खिलायेगी। आज आकाश में नए बादल होंगे, नए रंग होंगे। आज के सूर्यास्त की आभा कुछ और होगी। आज का सूर्योदय भी कुछ और था। प्रतिपल सब बदल रहा है। यही तो जीवन का अर्थ है; नहीं तो सब मर गया होता। मुर्दा नहीं है अस्तित्व, अस्तित्व जीवंत प्रवाह है।

लेकिन तुम नींद में पड़े हो। तुम्हें पता ही नहीं चलता। तुम चले जा रहे हो, किसी तरह चले जा रहे हो। अभी तुम्हारा जागरण भी निद्रा है और एक ऐसी घड़ी आती है होश की, जब नींद भी होती है, शरीर सोया होता है, लेकिन भीतर एक छोटा-सा दीया होश का जलता रहता है। ऐसा कभी-कभी तुम्हारी जिंदगी में भी होता है।

जैसे किसी मां को बच्चा पैदा होता है। वर्षा है, खूब मेघ गरज रहे हैं, बिजली कौंध रही है। उसे सुनाई नहीं पड़ता। लेकिन बच्चा जरा कुनमुन करे और उसे सुनाई पड़ जाता है। मामला क्या है? आकाश में बादल गरज रहे हैं, बिजली गिर रही है और मां को कुछ पता नहीं, वह मस्त घर्रा रही है, गहरी नींद में है। और बच्चा जरा कुनमुनाता है, तत्क्षण जग जाती है। उसके भीतर कोई जागा हुआ है, थोड़ा-सा हिस्सा जागा हुआ राह देख रहा है कि कहीं बच्चे को कोई अड़चन न हो जाए। उसका मातृत्व जागा हुआ है।

यहां तुम सारे लोग सो जाओ, फिर कोई आकर पुकारे राम, तो बाकी किसी को सुनाई नहीं पड़ेगा, लेकिन जिस आदमी का नाम राम है वह कहेगा, भाई क्यों सताते हो? सोने भी नहीं देते? किसी को नहीं सुनाई पड़ रहा है। कान में सबके पड़ा राम, लेकिन सबको इसका पता है, नींद में भी पता है, इतना पता है कि यह अपना नाम नहीं है, यह कोई और को सताने आया है। सुबह तुमसे कोई पूछे तो तुम बता भी न सकोगे कि तुम्हें सुनाई पड़ा था राम; तुम कहोगे, हमें कुछ पता नहीं है। लेकिन राम को सुनाई पड़ गया है।

मैंने सुना है, एक गांव में एक कंजूस आदमी मरा, तो उसकी पत्नी बैठी रही, रोयी नहीं। भीड़ इकट्ठी हो गई। लोग समझे कि पागल तो नहीं हो गई सदमे में। और तभी एक भिखमंगा आकर खड़ा हो गया, उसने जोर से अपना डब्बा बजाया उस मुर्दा के सामने, उसकी लाश रखी है। और जैसे ही उसने डब्बा बजाया कि वह औरत रोने लगी। मोहल्ले के लोग बड़े हैरान हुए, उन्होंने कहा, बात क्या है? उसने कहा कि अब मुझे पक्का हो गया कि वह मर गये। अगर भिखारी को देखकर घर के भीतर नहीं जा रहे हैं उठकर तो मर गए, निश्चित मर गए। अभी तक मुझे शक था कि हो सकता है मूर्च्छा में पड़े हों, मगर अब निश्चित है। कैसी ही मूर्च्छा हो, भिखारी को देखकर तो वह घर के भीतर चले जाते। अब निश्चित है कि आत्मा देह छोड़ चुकी।

तुम्हारे सामान्य जीवन में भी तुम्हें इस बात का खयाल रहेगा कि कभी-कभी किन्हीं-किन्हीं क्षणों में कुछ चीजें तुम्हारे भीतर जागी रह जाती हैं। जैसे विद्यार्थी परीक्षा के दिनों में रात में पाता है कि थोड़ा-सा जागरण बना है, कई दफा आंख खोलकर देख लेता है कि घड़ी में कितना बजा है, सुबह तो नहीं हो गयी। परीक्षा सिर पर खड़ी है, कोई एक स्वर जागता रहता है। ये छोटे-छोटे अनुभव हैं।

योगी के भीतर सतत, सतत एक दीया जलता रहता है। इसलिये कृष्ण ने कहा है कि और जब सब लोग सो जाते हैं...या निशा सर्व भूतायां तस्यां जागर्ति संयमी! जो सबके लिए नींद है, गहरी रात है, वह भी संयमी के लिये जागरण है। इसका मतलब यह नहीं है कि कृष्ण सोते ही नहीं थे, कि खड़े हैं रात-भर। पागल हो जाते।...कि बजा रहे हैं बांसुरी रात-भर, चाहे कोई सुननेवाला हो या न हो। खुद भी पागल हो जाते, पड़ोस के लोग भी पागल हो जाते। सोते हैं, मगर देह ही सोती है, चेतना जागती रहती है।

न्यंद्रा तजौ जीवन का काल।

यह मूर्च्छा ही तुम्हें वंचित किए है परम जीवन से। यही असली मृत्यु है। इसको छोड़ दो तो तुम्हें शाश्वत जीवन का अनुभव हो जाये।

छांड़ौ तंत मंत बैदंत।

कह रहे हैं अपने योगियों से, अपने शिष्यों से, अपने संन्यासियों से, कि तंत्र-मंत्र, वैद्यक, इन सब उपद्रवों में मत पड़ो—कि बांध रहे ताबीज, कि दे रहे मंत्र लोगों को, कि बांट रहे जड़ी-बूटी, कि रसायन तैयार कर रहे!

छांड़ौ तंत मंत बैदंत। जंत्रं गुटिका धात पाषंड।।

यह सब छोड़ो पाखंड! इस सब में मत उलझ जाओ। इसमें उलझा रहा है इस देश का साधु बहुत दिनों से। वह सब तरह के काम करता रहा है। बीमारों को दवाई भी बांटता है, चमत्कार भी करता है, खाली हाथ से विभूति निकालता है, राख बांटता है, ताबीज निकालता है, घड़ियां निकालता है। यह सब पाखंड है, क्योंकि यह सब हाथ की कलाबाजी है, ये सब जादू के काम हैं।

यह सड़क पर जादूगर करता है तो तुम एकदम उसके पैरों में नहीं गिर पड़ते कि हे साईंबाबा! मिलन हो गया, आपकी तलाश थी! तब तुम जानते हो कि यह जादू है। जादू है, ऐसा मानकर, तुम समझते हो होगी कोई हाथ की कला। लेकिन यही कोई आदमी गैरिक वस्त्र पहन कर साधु-वेश में खड़ा हो जाए और करने लगे, बस गिरे तुम पैर पर। वही का वही है, कुछ फर्क नहीं है, कुछ भेद नहीं है।

गोरख अपने शिष्यों को कहते हैं:

छांड़ौ तंत मंत बैदंत। जंत्रं गुटिका धात पाषंड।।
जड़ी-बूटी का नांव जिनि लेहु। राज दुवार पाव जिनि देहु।।

और अगर तुम इस तरह के धंधों में पड़े, जड़ी-बूटी इत्यादि के उपद्रव में पड़े, तो आज नहीं कल तुम राजनीति में उलझ जाओगे, तुम राजद्वार में पहुंच जाओगे।

राजनीति का अर्थ होता है: पद-प्रतिष्ठा, पद-लोलुपता। अगर इस तरह के धंधे में उलझे तो तुम पद-लोलुप हो जाओगे, नहीं तो तुम करोगे ही क्यों? यह सब आकांक्षा इसीलिये है, ताकि लोग समझें कि मैं कुछ हूं—महत्वपूर्ण, महान। साधु को तो सहज होना चाहिये। कि मैं नाकुछ हूं, कि मैं शून्यवत हूं। उसे कोई दावा नहीं होना चाहिये। चमत्कार कोई साधु कैसे दिखायेगा? चमत्कार तो केवल असाधु ही दिखा सकता है, क्योंकि चमत्कार के पीछे अहंकार को पुजवाने की

आकांक्षा है।

थंभन मोहन्न बिसिकरन छांड़ौ औचाट।

छोड़ो ये सब जादूगिरियां—थंभन, मोहन, सम्मोहन की कलाएं, वश में करने की कलाएं, बिसिकरन। छांड़ौ औचाट। भूत-प्रेत झाड़ना, उच्चाटन करना, यह सब व्यर्थ की बकवास छोड़ो।

सुणौ हो जोगेसरो जोगारंभ की बाट।

और कहते हैं : हे योगियो! सुनो, मैं तुमसे कहता हूं कि योगी की असली राह क्या है।

जोगारंभ की बाट!

योग के आरंभ की असली राह क्या है, मैं तुम्हें द्वार देता हूं।

और दसा परहरौ छतीस।

और सब छोड़ दो, सिर्फ उस एक को याद करो।

हर सुबह उठके तुझसे मांगूं हूं मैं तुझी को,
तेरे सिवाय मेरा कुछ मुद्दआ नहीं है।

और सब छोड़ दो, यह सब समय खराब करना है, शक्ति खराब करनी है। इस सारी ऊर्जा को एक ही प्रार्थना में डुबा दो। उसी को मांग लो, और कुछ मत मांगना।

हर सुबह उठके तुझसे मांगूं हूं मैं तुझी को,
तेरे सिवाय मेरा कुछ मुद्दआ नहीं है।

परमात्मा के अतिरिक्त तुम्हारी कोई और मांग न हो। मांग ऐसी होनी चाहिये कि उस मांग में तुम भी खो जाओ।

उसे ढूंढते मीर खोये गए,
कोई देखे इस जुस्तजू की तरफ!

यह मेरी खोज तो देखो, मीर कहते हैं। उसे खोजने निकले थे और खुद खो गए!

उसे ढूंढते मीर खोये गए,
कोई देखे इस जुस्तजू की तरफ!

यह मेरी खोज तो देखो। निकले थे खोजने और खुद खो गए!

हेरत हेरत हे सखी, रह्या कबीर हिराई।

बस वही एक रह जाए, तुम भी खो जाओ, तभी वह मिलेगा।

बहुत ढूंढा उसे फिर भी न पाया,
अगर पाया पता अपना न पाया।

बहुत खोजते रहे, वह नहीं मिला। तब तक नहीं मिला जब तक स्वयं न खो गए। और जब वह मिला तो पीछे लौटकर देखा तो अपने को न पाया।

बहुत ढूंढा उसे फिर भी न पाया,
अगर पाया पता अपना न पाया।

ऐसे डूबो, एक ही आकांक्षा रह जाए, एक ही अभीप्सा रह जाए। सारी अभीप्साओं को उसी पर समर्पित कर दो। बहुत दिशाओं में यात्रा करोगे तो कहीं न पहुंचोगे। इक साधे सब सधे सब साधे सब जाये।

और दसा परहरौ छतीस। सकल विधि ध्यावो जगदीस।
बहु विधि नाटारंभ निबारि। काम क्रोध अहंकारहि जारि।।

और सब अभिनय छोड़ो। नाटारंभ! और सब नाटक बंद करो। ये सब काम-क्रोध के ही नये रूप हैं, ये अहंकार की ही नई कलायें हैं। इनसे सावधान रहो।

नैंण महा रस फिरौ जिनि देस।

आंखों में तो वासना भरी है और तुम तीर्थ-यात्राएं करते घूम रहे हो! इससे कुछ भी न होगा।

जटा भार बंधौ जिनि केस।

और कितनी ही जटायें बड़ी कर लो और कितना ही भार बांध लो जटाओं का, इससे कुछ निर्भार न हो जाओगे।

रूष बिरष बाड़ी जिनि करौ।

और चाहे कितने ही तथाकथित पुण्य करते रहो, कि वृक्ष लगवा दो रास्तों के किनारे, बाड़ियां लगवा दो कि राहगीरों को छाया मिले...।

कूवा निवांण षोदि जिनि मरौ।

कि कुएं खुदवा दो कि लोगों को पानी पीने मिल जायेगा; मगर खयाल रखना, गोरख कहते हैं :

कूवा निवांण षोदि जिनि मरौ।

इन्हीं कुओं में गिर कर मरोगे। इस तरह के पुण्य से कुछ होने वाला नहीं है।

ध्यान से रहित जो पुण्य है वह दो कौड़ी का है, क्योंकि वह अहंकार का ही विस्तार है। साधु भी अहंकार पकड़ लेते हैं। वे कहते हैं कि मंदिर बनवा कर रहेंगे, कि कुआं खुदवा कर रहेंगे। बैठ जाते हैं जिद करके। और जब तक उनका मंदिर न बन जाए और कुआं न खुद जाये, तब तक बैठे ही रहते हैं। आखिर लोग परेशान हो जाते हैं, उनकी छाती पर रोज खड़े हैं, किसी तरह कुछ दे-दवा कर के कुआं खुदवा देते हैं कि ठीक है भाई, मंदिर बनवा देते हैं कि ठीक है। मगर यह अहंकार का ही विस्तार है।

मैं पुण्य करूं, इसमें मैं ही भरेगा। एक और पुण्य है जो कृत्य नहीं है—जो ध्यान से जन्मता है। मैं ध्यान में लीन हो जाऊं परमात्मा में, फिर वह जो मुझसे करवा ले, मैं करने वाला नहीं हूं। उसको कुआं खुदवाना हो तो कुआं खुदवा ले, उसको झाड़ लगवाने हों झाड़ लगवा ले, स्कूल चलवाना हो स्कूल चलवा ले, अस्पताल बनवानी हो अस्पताल बनवा ले; लेकिन मैं करने वाला नहीं हूं, अब मैं केवल उपकरण मात्र हूं। पहले ध्यान। यह मत सोचना कि गोरख कह रहे हैं कि पुण्य के काम बुरे हैं। गोरख यही कह रहे हैं कि अहंकार जब तक है, तब तक पुण्य के कामों की आड़ में वही पलेगा, वही पुसेगा, वही बड़ा होगा। पहले अहंकार जाने दो, फिर पुण्य का कृत्य अपने आप आता है; तब उसमें बड़ी सुगंध है, बड़ा सौंदर्य है, बड़ा संगीत है!

जो रहीम मन हाथ है, तो तन कहु किन जाहि।
जल में जो छाया परे, काया भीजत नाहि।।

एक मन हाथ आ जाए, फिर शरीर की कोई फिकिर नहीं है। एक चैतन्य पकड़ में आ जाये, फिर शरीर की कोई फिकिर नहीं है।

जल में जो छाया परे...

जैसे कि तुम रास्ते से गुजरे और किनारे पर झील में तुम्हारी छाया पड़ी, उससे तुम्हारा कोई शरीर थोड़े ही भीग जाएगा। जल में जो छाया परे, काया भीजत नाहि। अब तुम्हारा शरीर थोड़े ही भीगता है। ऐसे ही जिसका मन वश में आ गया, मन ध्यान बन गया जिसका, अब वह कुछ भी करे, कैसा भी रहे, कहीं भी जाए, कोई परिणाम बुरा नहीं होता; उससे शुभ ही होगा, उससे अशुभ हो ही नहीं सकता।

टूटै पवनां छीजै काया। आसण दिढ करि वैसो राया।।

यह शरीर तो टूट जायेगा, जल्दी श्वास उखड़ जायेगी।

टूटै पवनां!

श्वास उखड़ जायेगी।

छीजै काया!

यह काया जल्दी बूढ़ी हो जायेगी, मरण के करीब आ जायेगी। इसके पहले कि यह हो,

आसण दिढ करि वैसो राया।

ऐ राजा! ऐ सम्राट! सम्हाल लो। इसके पहले सम्हाल लो। पीछे बहुत पछताना होगा। मौत आती है, सिवाय पछतावे के हाथ कुछ नहीं रह जाता। क्योंकि जिंदगी हमने ऐसी चीजों में गंवा दी, जिनको हम साथ न ले जा सकेंगे। मौत सब छीन लेगी। सब ठाठ पड़ा रह जायेगा। और ध्यान तो कमाया नहीं, क्योंकि ध्यान मृत्यु में भी साथ जा सकता है।

ध्यान परम धन है। जिसको समाधि का अनुभव हो गया, मृत्यु उससे कुछ भी नहीं छीन सकती, क्योंकि समाधि को न शस्त्र छेद सकते हैं और न आग जला सकती है।

टूटै पवनां छीजै काया। आसण दिढ़ करि वैसो राया।।

अब तो सम्हल जाओ ऐ राजा! हो तो तुम राजा, अगर सम्हल जाओ तो अभी तुम्हें राज्य मिल जाये। जरा में, क्षणभर में घटना घट जाये।

तीरथ बर्त कदै जिनि करौ।

व्यर्थ के तीरथ-व्रतों में मत उलझे रहो। समय खराब न करो।

गिर परबतां चढ़ि प्रानमति हरौ।

और नाहक पर्वत चढ़-चढ़ कर अपने प्राणों को न सताओ, कि चले गिरनार, कि चले शिखरजी, कि चलो चढ़ें हिमालय, कि कैलाश, कि बद्रीनाथ, कि केदार। क्यों सता रहे हो प्राणों को?

गिर परबतां चढ़ि प्रानमति हरौ।

नाहक मत सताओ!

पूजा पाति जपौ जिनि जाप।

और कितना तो तुम पूजा-पाठ कर चुके। कितनी पूजा, कितना जप! कितने जाप कर चुके, हुआ क्या?

पूजा पाति जपौ जिनि जाप

जोग माहि विटंबौ आप।।

और योग भी तुम खूब कर चुके। कोई सिर के बल खड़े हैं, कोई शरीर को इरछा कर रहे हैं, कोई तिरछा कर रहे हैं। इस सबसे क्या होगा? यह सब विडंबना है। जोग माहि विटंबौ आप। नाहक विडंबनाओं में मत पड़ो।

छांड़ौ वैद बणज व्यौपार।

ये सब व्यवसाय हैं। इन व्यवसायों से सावधान हो जाओ।

पढ़िबा गुणिबा लोकाचार।

बड़ा क्रांति का सूत्र है! खूब तो पढ़ चुके, तोते तो हो गए पढ़-पढ़ कर, पंडित हो गये पढ़-पढ़ कर।

पढ़िबा गुणिबा लोकाचार।

और खूब तुमने आचरण सम्हाल कर अपने को ऊपर से रंग लिया, बड़े गुणवान हो गये और लोकाचार में भी बड़े कुशल हो। शिष्टाचार में बड़े योग्य हो, बड़े सभ्य हो गए। मगर इस सबसे कुछ भी न होगा; यह सब पड़ा रह जाएगा। यह पढ़ा-लिखा, ये गुण जो तुमने ऊपर से थोप लिये और यह लोकाचार, सब पड़ा रह जायेगा। जब जाओगे तो जो जाएगा पंछी, वह पंछी तो वैसा ही रहा, तुमने कभी उस पर कुछ ध्यान ही न दिया।

बहुचेला का संग निबारि।

अभी खुद जागे नहीं हो और चेले इकट्ठे कर लिये! खुद तो जागो, फिर कोई आयेगा तो बांट देना। पहले हो तो! पहले खुद की ज्योति तो जले, फिर किसी बुझे दीये की ज्योति जला देना।

मेरे पास लोग आ जाते हैं। वे कहते हैं : हम जनता की सेवा करना चाहते हैं। मैं कहता हूं : तुम्हारी कृपा होगा, बड़ी कृपा यही होगी कि तुम सेवा न करो। अभी तुमने अपनी सेवा नहीं की।

नहीं, लेकिन वे कहते हैं कि हमने तो सुना है बिना सेवा के मेवा नहीं मिलता। मेवा पर नजर लगी है, इसलिये सेवा करना चाहते हैं! सेवा से कोई प्रयोजन नहीं है...कि सेवा करने से स्वर्ग मिलेगा। बात उल्टी है : जिसको स्वर्ग मिल गया, उससे सेवा फलती है। जिसके भीतर स्वर्ग आ गया, उसका जीवन सेवा बन जाता है। और जिसके भीतर मेवा बरस गया, उसके कृत्यों में सेवा होती है। उलटी है बात।

आ गये पूछने कि जनता की सेवा करनी है। मैं उनसे कहता हूं कि तुम देख तो रहे हो जनता के कितने सेवक सेवा कर रहे हैं और जनता मरी जा रही है। जितने सेवक बढ़ते हैं, उतनी जनता की फांसी लगी जा रही है। कोई हाथ खींच रहा है, कोई पैर खींच रहा है, कोई गला। वे कहते हैं कि हम सब दबा रहे हैं। मगर इसकी कोई फिकिर नहीं है कि हाथ-पैर टूटे जा रहे हैं, कि जनता की गर्दन कटी जा रही है। मगर सेवक कहता है : हम तो सेवा करके रहेंगे!

एक ईसाई पादरी ने अपने बच्चों को स्कूल में समझाया कि सेवा करनी ही चाहिये, कम से कम एक बार तो सेवा सप्ताह में करनी ही चाहिये। और तुम्हें एक सप्ताह का समय देता हूं, सेवा करके आना। अगले सप्ताह उसने पूछा कि सेवा की बच्चो? तीन बच्चों ने हाथ हिलाये। एक बच्चे ने कहा कि हां मैंने की। बहुत प्रसन्न हुआ पादरी। उसने कहा : क्या सेवा की बेटा? उसने कहा, जैसा आपने कहा था कि कोई बूढ़ा आदमी या बूढ़ी औरत रास्ता पार करती हो तो करवा देना हाथ पकड़ कर, मैंने एक बुढ़िया को पार करवाया। प्रसन्न होकर पादरी ने कहा : शाबाश! इसी तरह सीखते रहोगे, स्वर्ग मिलेगा।

दूसरे से पूछा : तूने क्या सेवा की? उसने कहा : मैंने भी एक बुढ़िया को पार करवाया। तब थोड़ा पादरी को संदेह हुआ, मगर सोचा कि बुढ़ियों की कोई कमी तो है नहीं, मिल गई होगी। तीसरे से पूछा : तूने क्या किया? उसने कहा : मैंने भी एक बुढ़िया को सड़क पार करवाई। उसने पूछा : तुम तीनों को तीन बुढ़ियाएं मिल गईं? उन्होंने कहा : तीन नहीं थीं, थी तो एक, हम तीनों ने ही पार करवाई। तो उसने पूछा कि तीन की जरूरत थी पार करवाने में? उन्होंने कहा कि तीन की क्या, अगर छः भी होते तो बड़ा मुश्किल मामला था। बामुश्किल करवा पाये पार, क्योंकि वह पार जाना ही नहीं चाहती थी। हांफ गये। मारपीट हुई। मगर हम भी डटे रहे कि सेवा करनी है। आपने कहा कि किसी बूढ़े को रास्ता पार करवाना है और इसके बिना मेवा नहीं है। बुढ़िया ने भी बड़ी ताकत मारी। बुढ़िया भी हम धोखे में थे कि इतनी बुढ़िया है, बड़ी ताकतवर थी—और चिल्लाये और चीखे और मारे, मगर हमने करवा दिया। जब तक हम उसको उस तरफ न करवा दिये, हम भी भागे नहीं, करवा कर भाग खड़े हुए।

सेवा! तुम्हारे पास अभी मेवा नहीं है। तुम्हारे पास अभी आत्मा ही नहीं है। तुम सेवा के नाम पर कुछ न कुछ गलत करोगे। ऐसी है तुम्हारी हालत जैसे कि

तुमने कभी चिकित्सा-शास्त्र तो पढ़ा नहीं और चले मरीजों की सेवा करने। तो वही हालत होगी न, मरीज मरेंगे! तुम न जाते तो शायद बच भी जाते। बीमारी से सभी नहीं मर जाते, मगर अगर कोई चिकित्सक जिसको चिकित्सा-शास्त्र का कोई अनुभव नहीं है, मरीजों की सेवा करने चला जाये और देने लगे प्रिस्क्रिप्शन और दवाइयां, तो मारेगा। बीमारी से तो बच जाते, मगर वैद्य से बचना मुश्किल हो जायेगा।

दुनिया सेवकों से बहुत परेशान हो गई है। सेवकों ने बड़ा उपद्रव कर दिया है। खयाल रखना, असली घटना पहले स्वयं में घटनी चाहिये।

बहुचेला का संग निबारि। उपाधि मसांण बाद विष टारि।

और उपाधियों के चक्कर में मत पड़ो। संसार में उपाधियां हैं, कोई एम.ए. है, कोई बी.ए. है, कोई बीएस.सी. है, कोई एलएल.बी. है, कोई एम.डी. है, कोई पीएच.डी., कोई डी.लिट, कोई डी.फिल। ये सांसारिक उपाधियां हैं। फिर साधुओं के जगत में भी उपाधियां चलती हैं—कोई महंत है, कोई मंडलाचार्य है, कोई शंकराचार्य है, कोई कुछ है, कोई कुछ है। कोई लिखता है एक सौ पांच श्री श्री, कोई लिखता है एक सौ आठ। करपात्री महाराज ने सबको मात किया, वे लिखते हैं अनंत श्री! अब इसके आगे तुम बढ़ ही नहीं सकते। जैसे छोटे बच्चे कहते हैं न, कि हम तुमसे एक ज्यादा, तुम जो भी कहोगे उससे एक ज्यादा। जिसने यह कह दिया उसने हरा दिया। अब तुम कोई भी संख्या बोलो, वह एक ज्यादा। अनंत श्री! उपाधियां...।

तुम परमात्मा हो, तुम्हें किसी और उपाधि की जरूरत नहीं है। सब उपाधियां छोटी हैं। अब परमात्मा को और क्या उपाधि चाहिये? जिन्होंने जाना है उन्होंने तुम्हारी भगवत्ता की घोषणा की है। उन्होंने कहा, तुम भगवान हो! तुम परम हो! तुमसे पार और कुछ भी नहीं है। अब तुम क्या भगवान के बाद फिर जोड़ोगे एम.ए., एलएल.बी., पीएच.डी.! बुद्धू मालूम पड़ोगे। सारा अस्तित्व परमात्मा से भरा है।

इसलिये कहते हैं गोरख:

उपाधि मसांण...।

उपाधियों को तो तुम मरघट समझो।

बाद विष टारि...।

और व्यर्थ के विवाद और शास्त्रार्थों में मत पड़ना। उनको विष की तरह त्याग दो।

येता कहिये प्रतच्छि काल...।

अगर ऐसा न समझे, न माना, तो आखिरी समय में बहुत पछताओगे।

येता कहिये...

इसलिये कहता हूं तुमसे बार-बार।

...प्रतच्छि काल। एकाएकी रहौ भुवाल।

फिर अकेले जाना होगा न। न शिष्य साथ जायेंगे, न उपाधियां साथ जायेंगी, न धन, न पद। अकेले जाओगे न! इसलिये अभी से जानो कि अकेले हो।

येता कहिये प्रतच्छि काल।

इसलिये कहता हूं, ताकि तुम्हें याद दिलाता रहूं बार-बार कि आखिरी समय में जैसे जाओगे वैसे ही अभी रहो। अभी से वैसे रहो। फिर तुमसे मौत कुछ भी न छीन पायेगी। फिर तुम मौत को हरा दोगे, मौत तुम्हें न हरा पायेगी।

एकाएकी रहौ भुवाल।

सभा देषि मांडौ मति ग्यांन।

लोग बड़े उत्सुक रहते हैं कि कहीं मौका मिल जाये ज्ञान दिखाने का। कोई पूछ भर ले कुछ, ज्ञान दिखाने का मौका मिल जाये। यह अज्ञानी का लक्षण है।

सभा देषि मांडौ मति ग्यांन।

देख कर कि कोई सुनने को उत्सुक है, कि कोई कुछ पूछ बैठा है, बेचारा फंस गया पूछ कर, एकदम उसकी गर्दन न पकड़ लो, एकदम अपना ज्ञान उसमें उंडेलने न लगो। जब तक कोई जिज्ञासु न हो, मुमुक्षु न हो, चुप ही रहना।

गूंगा गहिला होइ रहौ अजांण।

जब तक मुमुक्षु न मिल जाये तब तक तो बिलकुल गूंगे हो जाओ, जैसे बोलना ही नहीं आता। गहिला...पागल हो जाओ, कि लोग पूछें ही न अपने-आप, कि उस पगले से क्या पूछना।

गुरजिएफ के पास एक पत्रकार आया। वह उसका इंटरव्यू लेने आया था। गुरजिएफ चाय पी रहा था, पत्रकार को भी बिठाला पास में। और पास में बैठी एक शिष्या से गुरजिएफ ने कहा: आज दिन कौन-सा है? उस शिष्या ने कहा: आज रविवार है। गुरजिएफ ने जोर से मुक्का पटका टेबिल पर और कहा कि

रविवार हो कैसे सकता है, कल ही तो शनिवार था! वह पत्रकार ने सुना तो उसके होश उड़ गये, कि यह आदमी है कैसा! और इतना गुस्से में आ गया कि मुक्का पीट दिया और कहा कि हो कैसे सकता है रविवार! किसको तू धोखा दे रही है? तूने समझा क्या है? कल ही शनिवार था, आज रविवार हो गया! वह पत्रकार तो उठ खड़ा हुआ। उसने कहा: नमस्कार! मैं जाता हूं!

जब वह चला गया, तब हंसी देखने जैसी थी। गुरजिएफ हंसा। शिष्य भी खूब आनंदित हुए। उन्होंने कहा: आपने भी गजब किया! उसने कहा: इस मूरख के सामने समय खराब करने से फायदा क्या है!

गहिला होइ रहौ!

यह कह रहे हैं गोरख। गोरख कहते हैं कि पागल हो जाओ अगर ऐसा दिखे कि कोई गड़बड़-सड़बड़ फालतू आदमी है...पत्रकार इत्यादि...पागल हो जाओ। वह अपने-आप ही रास्ता नाप जायेगा, फिर दुबारा आयेगा भी नहीं।

गूंगा गहिला होइ रहौ अजांण।

और बिलकुल अज्ञानी हो जाओ। और जो जान लेते हैं वे अज्ञानी हो ही जाते हैं। और जो जान लेते हैं वे पागल हो ही जाते हैं। और जो जान लेते हैं वे गूंगे हो ही जाते हैं। क्योंकि जो जाना जाता है, कहने का कोई उपाय नहीं। गूंगे केरी सरकरा! जैसे गूंगे ने शक्कर खाई हो! जो जान लेते हैं वे पागल हो ही जाते हैं। क्योंकि जो जानते हैं वह इतना भिन्न है इस जगत के तर्क से कि इस जगत का तर्क उसे अंगीकार नहीं कर सकता। वे बावले हो ही जाते हैं। जो जान लेते हैं वे अज्ञानी हो ही जाते हैं, क्योंकि उन्हें पता चलता है: जो जाना है, वह ऐसा है जो जाना जा ही नहीं सकता; जिसे जानकर भी जाना नहीं जा सकता। अनुभव हो जाता है, स्वाद छूट जाता है। सिद्धांत नहीं बनता।

तेरी आह किससे खबर पाइए,
वही बेखबर है जो आगाह है।

कहते हैं कि तेरे संबंध में पूछना हो तो किससे पूछें। कुछ हैं, जिन्हें पता नहीं; वे बताने को राजी हैं, मगर उनको पता नहीं। और कुछ हैं जिन्हें पता है, मगर वे बताने को राजी नहीं; वे खुद ही बेखबर हैं, क्या किसी को खबर दें!

तेरी आह किससे खबर पाइए,
वही बेखबर है जो आगाह है।

जिसको पता चल गया है वह खुद ही बेखबर हो गया है। वह बिलकुल अज्ञानी हो गया है।

सुकरात ने मरते वक्त कहा है कि मैं एक ही बात जानता हूं कि मैं कुछ भी नहीं जानता। यह ज्ञानी का लक्षण है।

छाड़व राव रंक की आस।

छोड़ो कुछ होने की चिंता। यहां बड़ी अजीब चिंतायें चल रही हैं; जो गरीब हैं वे अमीर होना चाहते हैं, और जो अमीर हैं वे सोचते हैं गरीब बड़े मजे में हैं। यह वचन बड़ा अदभुत है!

छाड़व राव रंक की आस।

जो रंक हैं वे राव होना चाहते हैं, जो राव हैं वे सोचते हैं रंक मजा ले रहे हैं। जो सम्राट हैं वे सोचते हैं; काश, छोड़-छाड़ कर यह सब झंझट, ले कर एक इकतारा और निकलते गांव-गांव! कैसा आनंद नहीं होगा साधु-संतों का! होती एक गुदड़ी और होता आकाश, कि मांग लेते दो टुकड़े और निश्चिंत सोते। पी लेते पानी सरोवर से, झाड़ के नीचे सो रहते। कैसा मजा नहीं होता!

जो राजा हैं, वे सोच रहे हैं कि भिखारी को बड़ा मजा है। और भिखारी सोच रहे हैं कि मारे गए, कि कब तक इसी झाड़ के नीचे पड़े रहें, कभी छप्पर बनेगा कि नहीं? कभी घी भी चुपड़ पायेंगे रोटी पर कि नहीं? कब गद्दी हासिल होगी?

यहां सब परेशान हैं। जिसके पास है, वह सोचता है जिनके पास नहीं है वे आनंद में हैं। जिनके पास नहीं है, वे सोचते हैं कि जिसके पास है वह आनंद में है। गोरख कहते हैं: दोनों बातें छोड़ दो। जहां हो, जैसे हो, ठीक हो, आगे की आशा मत करो।

भिछ्या भोजन परम उदास।

जो मिल गया, जो परमात्मा ने दे दिया है—भिक्षा! जो परमात्मा ने दे दिया है, उसमें परम शांति रखो। और सब आशायें छोड़ दो। उदास का अर्थ तुम यह मत समझना कि तुम उदास हो गए, कि बैठे हैं रो रहे हैं, कि मक्खियां भिनभिना रही हैं, कि मक्खी मार रहे हैं। यह तो गोरख कह ही नहीं सकते, क्योंकि गोरख कहते हैं:

हंसिबा खेलिबा धरिबा ध्यानं। हंसै षेलै करिबा रंग!

यह तो कह ही नहीं सकते गोरख। और कोई कहे, गोरख का उदास कुछ और

अर्थ रखता है। उद + आस। जिसकी आशा छोड़ दी जिसने, वह है उदास। अब जिसको आगे की कोई आशा नहीं है। जो नहीं कहता कि कल मजा करेंगे, जब ऐसे हो जायेंगे। जो अभी मजा कर रहा है। जो कहता है कल की क्या फिक्र; कल आया न आया! कल आता कब! अभी मजा कर रहा है।

हंसै षेलै करिबा रंग!

जो अभी रंग में डूबा है। जिसकी होली अभी है। जिसकी दिवाली अभी है। जो प्रतीक्षा नहीं कर रहा कि कभी और आयेगी दीवाली।

उदास का अर्थ है : जिसने और सब तरह की भविष्य से आशायें छोड़ दीं।

छाड़व राव रंक की आस। भिछ्या भोजन परम उदास।।

रस रसाइंन गोटिका निवारि।

छोड़ो रस रसायन। लोग सैकड़ों वर्षों से इस तरह के धंधे में लगे रहे हैं। कोई बना रहा है साधु रसायन, कि अगर रसायन बन जाए तो लोहा सोना हो जाये; कि रसायन बन जाए तो मरणधर्मा आदमी को अमृत पिला दें, वह अमर हो जाए। यह सब छोड़ो।

रस रसाइंन गोटिका निवारि। रिधि परहरौ सिधि लेहु विचारि।।

ऋद्धि को तो छोड़ो, तो ही सिद्धि मिलेगी। यह ऋद्धि और सिद्धि का बड़ा प्यारा भेद है। ऋद्धि का अर्थ : चमत्कार कर सकूं, अमृत मिल जाए, लोहे को सोना बना सकूं, आकाश में उड़ सकूं, दीवालों के पार जा सकूं। ये ऋद्धियां हैं। इन सबको छोड़ो तो सिद्धि मिले। सिद्धि तो एक है। सिद्धि का अर्थ होता है : जो भीतर छिपा है उसमें डुबकी मार जाओ। न आकाश में उड़ने की जरूरत है, न दीवालों के पार जाने की जरूरत है। दरवाजे काफी हैं, और आकाश में पक्षी उड़ ही रहे हैं; वे कोई परमहंस नहीं हो गए हैं। और अगर तुम्हें बहुत ही दिल हो जाए तो हवाई जहाज हैं, बैठ गए।

रामकृष्ण के पास एक आदमी आया और उसने कहा कि मैं पानी पर चल सकता हूं, आप क्या कर सकते हैं? रामकृष्ण ने कहा कि पानी पर चल सकते हो! कितना समय लगा इस कला को सीखने में?

उसने कहा : अट्ठारह साल लगे। रामकृष्ण हंसने लगे। उन्होंने कहा : रहे बुद्धू के बुद्धू! हम दो पैसा देकर नदी पार हो जाते हैं, तुम्हें अट्ठारह साल लगे, पानी पर चले, फायदा क्या है? जाओ चलो पानी पर, चलते रहो। पानी पर ही चलते हो

न! नाव में बैठकर पार हो जाते हैं दो पैसा देकर। इसके लिए अट्ठारह साल गंवाये!

गोरख कहते हैं: छोड़ो इस तरह की बातें। ये सब अहंकार के ही नए-नए उपाय हैं।

परहरौ सुरापांत अरुभंग।

और छोड़ो नशे। नशा ध्यान का धोखा दे देता है। इस देश में साधु नशा करते रहे हैं सदियों से, भांग-गांजा। वेद से लेकर, सोमरस से लेकर, अब तक। अब एल. एस. डी. बन गया अमरीका में; वह सोमरस का नया वैज्ञानिक रूपांतरण है। वेद के ऋषियों से लेकर अब तक टिमोथी लीरे और अल्डुअस हक्सले तक यह आशा रही है कि नशा करने से समाधि लग जाती है। नशा करने से समाधि नहीं लगती, समाधि का धोखा पैदा हो जाता है। इतनी सस्ती अगर बात होती कि नशा कर लिया, समाधि लग गई...। हां, गांजा पी लोगे, भांग पी लोगे, शराब पी लोगे—थोड़ी मस्ती आ जायेगी, क्योंकि जीवन की चिंतायें थोड़ी देर के लिए भूल जायेंगी। मगर वे चिंतायें खड़ी हैं अपनी जगह। नशा उतरेगा; वापिस लौट आयेंगी—दुगने वेग से।

परहरौ सुरापांत अरुभंग। तातैं उपजैं नांनां रंग।

इसी सबके उपद्रव में तुम्हारे भीतर नाना प्रकार की कल्पनायें, सपने पैदा होते रहते हैं।

नारी, सारी, कींगुरी!

कामवासना छोड़ो। अगर नर हो तो नारी से मिलेगा कुछ, यह आकांक्षा छोड़ो; अगर नारी हो तो नर से कुछ मिलेगा, यह आकांक्षा छोड़ो।

नारी, सारी...।

'सारी' कहते हैं मैना को। कई साधु यह धंधा करते रहते हैं। बैठाये हैं मैना को, मैना उठाती है कार्ड, लोगों का ज्योतिष खोलते हैं, हाथ देखते हैं, भविष्य पढ़ते हैं, जनम-कुंडली जांचते हैं। यह सब व्यर्थ की बकवास छोड़ो।

कींगुरी होती है, सारंगी का नाम है। कुछ हैं जो इसी धंधे में लगे हैं कि बस समझते हैं सारंगी बजा ली तो सब बज गया, कि सारंगी बजा ली तो सब आ गया। भीतर की सारंगी कब बजाओगे? बाहर की ही बजाते रहोगे? ये बाहर के ढोल पर ही थाप मारते रहोगे, भीतर का नृत्य कब? इसलिये कहते हैं कि बाहर के

ये सब जाल छोड़ दो।

तीन्यूं सतगुर परहरी।

सदगुरुओं ने कहा है: ये तीनों छोड़ दो।

आरंभ घट परचै निसपति।

फिर क्या करो? आरंभ करो अंतर्यात्रा का। घट! मंदिर को पहचानो। मंदिर को सजाओ, स्वच्छ करो। शुद्ध करो। परचै! परिचय करो आत्मा का। कौन तुम्हारे भीतर विराजमान है! कौन है यह चैतन्य! कौन हूं मैं! मैं कौन हूं, इस प्रश्न को उठाओ गहरे से गहरे में। यही एक प्रश्न सार्थक प्रश्न है। और जिस दिन परिचय हो जायेगा, उस दिन तुम निष्पत्ति ले सकोगे। उस दिन तुम्हारे जीवन में निष्कर्ष आ गया। और जिसके जीवन में निष्कर्ष आ गया उसका मोक्ष आ गया।

नरवै बोध कथंत श्री गोरषजती।

गोरख कहते हैं: हे सम्राटो! यही एक बोध मैं तुम्हें देना चाहता हूं। यही एक याद देना चाहता हूं। जागो! यह जागरण तुम्हारी क्षमता है, तुम्हारी संभावना है। जैसे बीज में वृक्ष छिपा है, ऐसे ही तुममें परमात्मा छिपा है।

जुज़ मर्तबए कुल को हासिल करे है आखिर,
एक कतरा न देखा जो दरिया न हुआ होगा।

बूंद हो तुम, सागर हो सकते हो। बूंद में सागर छिपा है। और जब तक सागर न हो जाओ, तब तक चैन मत लेना, तब तक विश्राम मत लेना। पकड़े वह अभीप्सा तुम्हें एक प्रज्वलित अग्नि की भांति। और सब भस्मिभूत हो जाये, और सब जल जाये, और सब मिट जाये—तो परम जीवन का अविष्कार हो जाता है।

मरौ हे जोगी मरौ, मरौ मरण है मीठा
तिस मरणी मरौ, जिस मरणी मरि गोरष दीठा।

आज इतना ही।

2

ध्यान का सुगमतम उपाय: संगीत

दिनांक: 10 अक्टूबर, 1978; श्री रजनीश आश्रम, पूना.

शिष्य गुरु के साथ गद्दारी क्यों करते हैं?
विजयानंद और महेश अभी आपके विरोध में कहते हैं।
और एक संन्यासी चिन्मय ने करंट में लिखा है कि जब मेरे गुरु राजनीति के विरुद्ध बोलते हैं, तब वे धर्म से नीचे गिरते हैं; और साथ-साथ कि मैं जीवित शिष्य हूं, इसलिए अपने गुरु के विरुद्ध कह सकता हूं।

श्रद्धा क्या है?

प्रेम की अग्नि-परीक्षा क्यों ली जाती है?

मैं शास्त्रीय संगीत का शौक रखता हूं। यह न तो मेरे पड़ोसियों को पसंद है, न परिवार के लोगों को ही। मैं क्या करूं?

मैं हर चीज से असंतुष्ट हूं। क्या पाऊं जिससे कि संतोष मिले?

पहला प्रश्न: भगवान! शिष्य गुरु के साथ गद्दारी क्यों करते हैं? विजयानंद और महेश अभी आपके विरोध में कहते हैं। और एक संन्यासी, स्वामी चिन्मय ने करंट में लिखा है कि जब मेरे गुरु राजनीति के विरुद्ध में बोलते हैं तब वे धर्म से नीचे गिरते हैं; और साथ-साथ कि मैं जीवित शिष्य हूं इसलिए अपने गुरु के विरुद्ध कह सकता हूं।

मुकेश भारती! जीसस को सूली लगी, शिष्य जुदास के कारण। बुद्ध पर पहाड़ की चट्टान सरकाई गयी, शिष्य देवदत्त के कारण। महावीर को बहुत अपमान, बहुत निंदा, बहुत प्रताड़ना सहनी पड़ी शिष्य गोशाला के कारण। यह स्वाभाविक है। जो हुआ है पहले, वही फिर भी होगा। रामलीला तो वही है, अभिनेता बदल जाते हैं। मंच भी वही है, खेल भी वही है; सिर्फ खेलनेवाले बदल जाते हैं। और जो हुआ पहले, और आज भी होगा और कल भी होता रहेगा, उसके विज्ञान को जरूर समझ लेना चाहिए।

शिष्यों की चार कोटियां हैं। पहली कोटि—विद्यार्थी की है, जो कुतूहलवश आ जाता है; जिसके आने में न तो साधना की कोई दृष्टि है, न कोई मुमुक्षा है, न परमात्मा को पाने की कोई प्यास है—चलें देखें, इतने लोग जाते हैं, शायद कुछ हो! तुम भी रास्ते पर भीड़ खड़ी देखो तो रुक जाते हो, पूछने लगते हो क्या है मामला? भीतर प्रवेश करना चाहते हो भीड़ में, देखना चाहते हो कुछ हुआ होगा...। नहीं कि तुम्हें कोई प्रयोजन है, अपने काम से जाते थे। आकस्मिक कुछ लोग आ जाते हैं। कोई आ रहा है, तुमने उसे आते देखा; उसने कहा: क्या करते हो बैठे-बैठे, आओ मेरे साथ चलो, सत्संग में ही बैठेंगे। खाली थे, कुछ काम भी न था, चले आये। पत्नी आयी, पति साथ चला आया; पति आया, पत्नी साथ चली आयी। बाप आया, बेटा साथ चला आया।

ऐसे बहुत-से लोग आकस्मिक रूप से आ जाते हैं। उनकी स्थिति विद्यार्थी की है। वे कुछ सूचनाएं इकट्ठी कर लेंगे, सुनेंगे तो कुछ सूचनाएं इकट्ठी हो जायेंगी।

उनका ज्ञान थोड़ा बढ़ जायेगा, उनकी स्मृति थोड़ी सघन होगी। ऐसे आनेवालों में से, सौ में से दस ही रुकेंगे; नब्बे तो छिटक जायेंगे। दस रुक जाते हैं यह भी चमत्कार है, क्योंकि वे आये न थे किसी सजग-सचेत प्रेरणा के कारण—ऐसे ही मूर्च्छित-मूर्च्छित किसी के धक्के में चले आये थे। पानी में बहती हुई लकड़ी की तरह किनारे लग गये थे, किनारे की कोई तलाश न थी। कितनी देर लगा रहेगा लकड़ी का टुकड़ा किनारे से? हवा की कोई लहर आयेगी, फिर बह जायेगा; उसका रुकना-न-रुकना बराबर है। लेकिन ऐसे लोगों में से भी दस प्रतिशत लोग रुक जाते हैं। जो दस प्रतिशत रुक जाते हैं, वे ही दूसरी सीढ़ी में प्रवेश करते हैं।

दूसरी सीढ़ी साधक की है। पहली सीढ़ी में सिर्फ बौद्धिक कुतूहल होता है—एक तरह की खुजलाहट! जैसे खाज खुजाने में अच्छा लगता है, हालांकि लाभ नहीं होता, नुकसान होता है—ऐसे ही बौद्धिक-खुजलाहट से भी लाभ नहीं होता, नुकसान होता है; पर अच्छा लगता है, मीठा लगता है। यह पूछें, वह पूछें, यह भी जान लें, वह भी जान लें; अहंकार की तृप्ति होती है कि मैं कोई अज्ञानी नहीं हूं, बिना ज्ञान के ज्ञानी होने की भ्रांति पैदा हो जाती है। इसमें से दस प्रतिशत लोग रुक जायेंगे। ये दस प्रतिशत साधक हो जायेंगे।

साधक का अर्थ है : जो अब सिर्फ सुनना नहीं चाहता, समझना नहीं चाहता, बल्कि प्रयोग भी करना चाहता है; प्रयोग साधक का आधार है। अब वह कुछ करके देखना चाहता है। अब उसकी उत्सुकता एक नया रूप लेती है, कृत्य बनती है। अब वह ध्यान के संबंध में बात ही नहीं करता, ध्यान करना शुरू करता है। क्योंकि बात से क्या होगा, बात में से तो बात निकलती रहती है। बात तो बात ही है, पानी का बबूला है, कोरी गर्म हवा है—कुछ करें! जीवन रूपांतरित हो कुछ, कुछ अनुभव में आये।

यह जो दूसरा वर्ग है, इसमें जितने लोग रह जायेंगे, इसमें से पचास प्रतिशत रुकेंगे पचास प्रतिशत खो जायेंगे। क्योंकि करना कोई आसान बात नहीं है, सुनना तो बहुत आसान है। तुम्हें कुछ करना नहीं है; मैं बोला, तुमने सुना, बात खत्म हुई। करने में तुम्हें कुछ करना होगा, सफलता सुनिश्चित नहीं है, जब तक कि त्वरा न हो, तीव्रता न हो, दांव पर लगाने की हिम्मत न हो, साहस न हो—सफलता आसान नहीं है। कुनकुने-कुनकुने करने से तो सफलता नहीं मिलेगी, सौ डिग्री पर उबलना होगा। उतना साहस कम ही लोग जुटा पाते हैं, जो

नहीं जुटा पाते उतना साहस, वे सोचने लगते हैं कि कुछ है नहीं, करने में भी कुछ रखा नहीं है। यह अपने मन को समझाना है कि करने में कुछ रखा नहीं है। किया है ही नहीं, करने में ठीक से उतरे ही नहीं, उतरे भी तो किनारे-किनारे रहे, कभी गहरे गये नहीं, जहां डुबकी लगती। भोजन पकाया ही नहीं, ऐसे ही चूल्हा जलाते रहे, वह भी इतने आलस्य से जलाया कि कभी जला नहीं, धुआं इत्यादि तो उठा, लेकिन आग कभी बनी नहीं। तो धुएं में कोई कितनी देर रहेगा? जल्दी ही आंख आंसुओं से भर जायेगी। मन कहेगा, चलो भी, यहां क्या रखा है? धुआं ही धुआं है।

जहां धुआं है वहां आग हो सकती थी, क्योंकि धुआं जहां है वहां आग होगी ही। लेकिन थोड़ा और गहन प्रयास होना चाहिए था। थोड़ी और तपश्चर्या होनी थी! थोड़ा और श्रम, थोड़ा और प्रयास। जो नहीं इतना प्रयास कर पाते, पचास प्रतिशत लोग विदा हो जायेंगे; जो पचास प्रतिशत रह जायेंगे, वे तीसरी सीढ़ी में प्रवेश करते हैं।

तीसरी सीढ़ी शिष्य की सीढ़ी है। शिष्य का अर्थ होता है: अब अनुभव में रस आया, अब सदगुरु की पहचान हुई। अनुभव से ही होती है, सुनने से नहीं होगी। सुनने से तो इतना ही पता चलेगा—कौन जाने, बात तो ठीक लगती है, लेकिन इस व्यक्ति का अपना अनुभव हो कि न हो, कि केवल शास्त्रों की पुनरुक्ति हो! कौन जाने सदगुरु सदगुरु है भी या नहीं, या केवल पांडित्य है? यह तो तुम्हें स्वाद लगेगा तभी स्पष्ट होगा कि जिसके पास तुम आये हो, वह पंडित नहीं है, या कि पंडित ही है? स्वाद में निर्णय हो जायेगा, तुम्हारा स्वाद ही तुम्हें कह देगा। अगर सदगुरु है तो तीसरी घड़ी आ गयी, तीसरी सीढ़ी आ गयी; तुम शिष्य बनोगे।

शिष्य का अर्थ है: समर्पित। अब शंकाएं न रहीं। अब पुराना ऊहापोह न रहा। अब भटकाव न रहा। अब एक टिकाव आया जीवन में। अब नाव पर सवार हुए।

जो लोग शिष्य हो जाते हैं। इनमें से नब्बे प्रतिशत रुक जायेंगे, दस प्रतिशत इनमें से भी छिटक जायेंगे। क्योंकि जैसे-जैसे गहराई बढ़ती है साधना की, वैसे-वैसे कठिनाई भी बढ़ती है। शिष्य को अग्नि-परीक्षाएं देनी होंगी, जो कि साधक से नहीं मांगीं जातीं, और विद्यार्थी से तो मांगने का सवाल ही नहीं है। अग्नि-परीक्षा तो सिर्फ शिष्य की होती है। जो इतने दूर चला आया है, उसी पर

गुरु अब कठोर होता है। कठोर होना पड़ेगा। चोट गहरी करनी होगी। अगर किसी पत्थर की मूर्ति बनानी हो तो छैनी उठाकर पत्थर को तोड़ना ही होगा। बहुत पीड़ा होगी, क्योंकि तुम्हारे ऊपर जो आवरण हैं, वे सदियों पुराने हैं। तुम्हारे ऊपर जो अज्ञान की पर्तें हैं, वे कपड़ों जैसी नहीं हैं कि निकालकर फेंक दीं और नग्न हो गये, वे चमड़ी जैसी हो गयी हैं। उन्हें उधेड़ना है, सर्जरी है।

तो दस प्रतिशत लोग तीसरी सीढ़ी से भी भाग जायेंगे। जो नब्बे प्रतिशत तीसरी सीढ़ी पर टिक जायेंगे, जो अग्नि-परीक्षा से गुजरेंगे, वे चौथी सीढ़ी पर प्रवेश करते हैं, जो कि अंतिम सीढ़ी है, वह भक्त की है। शिष्य और गुरु में थोड़ा-सा भेद रहता है। समर्पण तो होता है शिष्य की तरफ से, लेकिन समर्पण शिष्य की ही तरफ से होता है। अभी समर्पण में भी थोड़ा-सा अहंभाव जीवित होता है कि मैंने समर्पण किया, मेरा समर्पण! चौथी सीढ़ी पर 'मैं' भाव बिलकुल शून्य हो जाता है। अब भक्ति जगी, अब प्रेम जगा। अब गुरु और शिष्य अलग-अलग नहीं हैं। इस सीढ़ी से फिर कोई भी जा नहीं सकता। जो यहां तक पहुंच गया, उसका वापिस लौटना नहीं होता।

इसलिए बहुत आयेंगे, बहुत जायेंगे। जितने लोग आयेंगे उतनी ही अधिक संख्या में जाएंगे भी। इस समय मेरे कोई पचहत्तर हजार संन्यासी हैं सारी पृथ्वी पर। अब इनमें से दस-पांच छिटकेंगे, भागेंगे तो कुछ आश्चर्य की तो बात नहीं है, कोई चिंता की बात भी नहीं है। ये पचहत्तर हजार कल पचहत्तर लाख हो जायेंगे तो और भी ज्यादा हटेंगे और छिटकेंगे। यह काम जितना बड़ा होगा, उतने ही बड़े काम के साथ उतने ही लोग छिटकेंगे। स्वाभाविक है यह अनुपात रहेगा। विद्यार्थियों में से नब्बे प्रतिशत भाग जायेंगे। साधकों में से पचास प्रतिशत भाग जायेंगे। शिष्यों में से दस प्रतिशत भाग जायेंगे। सिर्फ भक्तों में से जाना नहीं होता।

लेकिन भक्त तक आते-आते लंबी यात्रा है, जैसे कोई हिमालय चढ़े। ऊंची चढ़ाई है, बहुत पसीना होगा, बहुत थकान होगी, दम भर आयेगी। और जो भी भागेगा, उसकी भी मजबूरी है। जब वह भागता है तो उसकी मजबूरी भी समझो, मैं उसकी मजबूरी समझता हूं। जैसे तुमने पूछा है कि विजयानंद और महेश आपके विरोध में कहते हैं; कहना ही पड़ेगा। क्योंकि जो भाग गया वह यह तो नहीं कहेगा कि मैं भाग आया अपनी कमजोरी से; कि मैं योग्य नहीं था, कि मैं अपात्र था, कि मेरी क्षमता छोटी पड़ गयी, कि पहाड़ ऊंचा था; मैंने सोचा था कि छोटा टीला है,

चढ़ जाऊंगा; और निकला गौरीशंकर। मैं नहीं चढ़ पाया, ऐसा तो कोई नहीं कहेगा भागा हुआ। उसको अपने अहंकार की रक्षा भी करनी होगी न! तो कोई यह तो नहीं कहेगा कि मैं हार गया इसलिए आ गया हूं। उस अहंकार की सुरक्षा के लिए मेरे विरोध में बोलना शुरू करना ही पड़ेगा। पीड़ा भी होगी, क्योंकि झूठ दिखाई पड़ेगा।

तो विजयानंद लोगों से मेरे पास खबर तो भेजते हैं कि भगवान को मेरे प्रणाम कह देना, लेकिन मेरे खिलाफ भी बोलते रहते हैं। एक द्वंद्व पैदा हो गया। भीतर से जानते हैं कि अपनी कमजोरी...नहीं चल सके साथ। तो मुझे प्रणाम भी भेजते रहते हैं और मेरे खिलाफ वक्तव्य भी देते रहते हैं। मेरे खिलाफ वक्तव्य देने पड़ेंगे, क्योंकि लोग पूछते हैं कि आपने छोड़ा क्यों? अब दो ही उपाय हैं: या तो गुरु गलत रहा हो या शिष्य गलत रहा हो। स्वाभाविक है, इतनी हिम्मत ही अगर होती कि मैं गलत हूं तो जाने की जरूरत ही न पड़ती, भागने का सवाल ही न उठता। इतनी हिम्मत नहीं थी, तो अब रक्षा तो करनी होगी।

इस बात को खयाल में लेना। जब तुम संन्यास लेते हो तो तुम मेरे पक्ष में बोलना शुरू कर देते हो। जरूरी नहीं है कि तुम मेरे पक्ष में बोल रहे हो। संभावना यही है कि अब तुमने संन्यास लिया तो मेरे पक्ष में बोलना ही पड़ेगा। क्योंकि नहीं मेरे पक्ष में बोलोगे तो लोग कहेंगे: पागल हो, फिर संन्यास क्यों लिया? तुम्हें अपनी आत्मरक्षा के लिए बोलना पड़ेगा मेरे पक्ष में।

तो तुम जब मेरे पक्ष में बोलते हो तो जरूरी नहीं है कि मेरे पक्ष में ही बोलते हो, बहुत संभावना तो यही है कि तुम अपने अहंकार की रक्षा के लिये बोलते हो...कि हां! मेरे सदगुरु पूर्ण सदगुरु हैं, कि वे परमात्मा को उपलब्ध हैं। तुम्हें कुछ पता नहीं है। तुम्हें क्या पता होगा अभी? जब तक तुम उपलब्ध न हो जाओ, तुम्हें कैसे पता हो सकता है? लेकिन तुम्हें मेरे पक्ष में बोलना ही पड़ेगा, मेरी स्तुति करनी पड़ेगी। उसी स्तुति में तुम अपने अहंकार की रक्षा कर सकते हो। तुम्हें सारे संदेह अपने भीतर से दबा देने होंगे, अचेतन में फेंक देने होंगे। नहीं कि संदेह नहीं उठेंगे, इतनी आसानी से संदेह थोड़े ही जाते हैं कि तुम आये, संन्यस्त हो गये और संदेह मिट गये! काश, इतना आसान होता! संदेह वर्षों तक पीछा करेंगे। संदेह लौट-लौटकर आ जायेंगे। मगर तुम किसी से कह न सकोगे; कहोगे तो भद्द होगी। अगर किसी से कहोगे कि मुझे शक है कि मेरा गुरु गुरु है भी या नहीं, तो

लोग कहेंगे कि फिर तुम गुरु को स्वीकार क्यों किये हो? फिर किस लिये गैरिक वस्त्र धारण किये हैं, फिर क्यों यह माला, फिर क्यों यह स्वांग रचाया है? अब तुम बड़ी मुश्किल में पड़े, अब तुम बड़ी अड़चन में पड़े।

अगर सच-सच अपने संदेह कहो तो लोग कहेंगे तुम मूढ़ हो। इससे बचने के लिए तुम संदेहों को दबा दोगे और तुम खूब श्रद्धा की बातें करोगे। तुम चेष्टा करोगे कि मेरा जैसा गुरु कभी हुआ ही नहीं दुनिया में, क्योंकि तुम जैसा शिष्य कहीं हुआ है दुनिया में! तुम्हारे अहंकार की तृप्ति तुम्हारे गुरु की ऊंचाई से होगी। जितना ऊंचा तुम अपने गुरु को सिद्ध कर सकोगे, उतने ही बड़े तुम शिष्य हो। और तुमने जिसे गुरु चुना है वह बड़ा होना ही चाहिए; तुम जैसा आदमी छोटे-मोटे को चुनेगा!

तो यह तो जब तुम दीक्षा लोगे यह घटना घटेगी। फिर जब तुम दीक्षा छोड़ोगे, इससे उल्टी घटना घटेगी। घटनी ही चाहिए, ठीक तर्क है; एक सरणी है उसकी। अब तुम्हें बोलना पड़ेगा मेरे खिलाफ। अब तुमने जो-जो संदेह दबा लिये थे, वे सब उभरकर ऊपर आ जायेंगे। और जो-जो श्रद्धा तुमने आरोपित कर ली थी, वह सब तिरोहित हो जायेगी। अब तुम्हारे सारे संदेह अतिशयोक्ति से प्रगट होंगे। करने ही पड़ेंगे। क्योंकि जिसे तुमने छोड़ा, वह गलत होना ही चाहिये; जैसे तुमने जब पकड़ा था तो वह सही था।

तो विजयानंद पांच साल मेरे पक्ष में बोलते रहे, अब पचास साल मेरे खिलाफ बोलना पड़ेगा। वे सब जो पांच साल में दबाये हुए संदेह थे, सब उभरकर आयेंगे। और अब रक्षा करनी होगी, क्योंकि वे ही लोग जो कल कहते थे कि क्या तुम पागल हो गये हो संन्यास लेकर, अब कहेंगे कि हमने पहले ही कहा था ना कि तुम पागल हो गये हो! अब इनको जवाब देना होगा। तो अब बड़ी अड़चन खड़ी होगी। उस अड़चन से बचाव करना होगा। बचाव एक ही है कि हम भ्रांति में पड़ गये थे। या बचाव यह है कि कुछ-कुछ बातें ठीक थीं, उन्हीं बातों के कारण हम संन्यस्त हो गये थे। फिर जब संन्यस्त हुए तब धीरे-धीरे पता चला कि कुछ-कुछ बातें गलत हैं। फिर धीरे-धीरे जैसे-जैसे अनुभव बढ़ा, पता चला कि बिलकुल गलत है। ऊपर-ऊपर की बातें ठीक हैं, भीतर-भीतर बिलकुल गलत है।

यह आत्मरक्षा है। यह बिलकुल स्वाभाविक है। इससे जरा भी चिंतित मत होना, इसे समझो जरूर।

महेश तो विद्यार्थी की हैसियत से आगे कभी बढ़े नहीं। कुतूहलवश आ गये थे। विजयानंद के साथ ही आ गये थे, साथ ही चले भी गये। आना एक संयोगमात्र था। न तो आये थे न गये, मेरे हिसाब में न तो कभी आये, न गये। मैंने हिसाब नहीं रखा महेश का। ऐसे लोगों का हिसाब नहीं रखना पड़ता; ये तो नदी में बहती हुई लकड़ियां हैं। लग गयीं किनारे तो कोई किनारा यह सोचने लगे कि मेरी तलाश में आकर लग गयी हैं तो गलती हो जायेगी। क्योंकि अभी आयेगा हवा का झोंका और लकड़ी बह जायेगी। विजयानंद के साथ ही आ गये थे। जब मैंने महेश को संन्यास दिया था तो विजयानंद मौजूद थे। महेश को संन्यास देने के पहले मैंने कहा: विजयानंद तुम भी पास आकर बैठ जाओ, ताकि सहारा रहे...। पास बिठा लिया था विजयानंद को, ठीक बगल में महेश के, और विजयानंद ने उनकी पीठ पर हाथ रख लिया था, तब मैंने उन्हें संन्यास दिया। क्योंकि मैं महेश को तो जानता नहीं कि इनका कोई मूल्य है, कि ये कोई जिज्ञासा से आये हैं। यह तो विजयानंद को कुछ हुआ है...ये तो विजयानंद के शिष्य हैं, मेरे नहीं।

तो स्वाभाविक था कि जब विजयानंद जायेंगे तो महेश भी जायेंगे। इनका कोई मूल्य नहीं है। विद्यार्थी की हैसियत से उनका आगे कभी जाना हुआ नहीं। विजयानंद ने जरूर चेष्टा की थी। और साधक की स्थिति आ गयी थी, थोड़ी और हिम्मत रखते तो शिष्य की घटना भी घटती। मगर अड़चनें आ गयीं, अड़चनें आती हैं। मानवीय अड़चनें हैं। समझना, तुमको भी आ सकती हैं, इसलिए उत्तर दे रहा हूं। सभी को आ सकती हैं। विजयानंद ख्यातिलब्ध हैं, बड़े फिल्म निर्देशक हैं, सारा देश उन्हें जानता है—वह अहंकार अड़चन बनता रहा। आकांक्षा थी कि उनको मैं ठीक उसी तरह व्यवहार करूं—एक विशिष्ट व्यक्ति की तरह—वी.वी.आई.पी.। वह मुझे तोड़ना पड़ेगा, नहीं तो साधक कभी शिष्य न बनेगा। उसे मैंने तोड़ना शुरू कर दिया। रोज-रोज उन पर चोटें पड़ने लगीं। पहले वे जब भी आते थे, जिस क्षण चाहते थे मिलने को आ जाते थे। अब उनको भी समय लेना पड़ता—दो दिन बाद, तीन दिन बाद, सात दिन बाद...। पीड़ा होने लगी, कष्ट होने लगा। अड़चन होने लगी कि उनके साथ भी और दूसरे संन्यासियों जैसा ही व्यवहार हो रहा है, विशिष्ट व्यवहार नहीं हो रहा है।

पहले मैं तुम्हारी बहुत चिंता लेता हूं। वह तो कांटे पर आटा है। मगर आटा ही आटा मछली को खिलाये जायेंगे तो मछली फंसेगी कब? जल्दी ही आटे के भीतर

का छिपा कांटा प्रगट होगा। जब कांटा प्रगट होगा तब अड़चन होती है। जब मैं विजयानंद के साथ ठीक वैसा व्यवहार करने लगा जैसा सब के साथ—जो कि जरूरी था, यही सीढ़ी अगर वे गुजर गये होते, अगर उन्होंने स्वीकार कर लिया होता कि संन्यस्त जब हुआ तो विशिष्टता छोड़ देनी है, अपने को भिन्न मानने का कोई कारण नहीं है। किसी का नाम जाहिर है किसी का नाम नहीं जाहिर है, इससे कोई फर्क थोड़े ही पड़ता है, इससे कोई जीवन की अंतर्दशा थोड़े ही बदलती है। तुम्हें कितने लोग जानते हैं इससे तुम्हारे पास ज्यादा आत्मा थोड़े ही होती है, न ज्यादा ध्यान होता है, न ज्यादा समाधि होती है। यह भी हो सकता है, तुम्हें कोई न जानता हो और तुम्हारे भीतर परम घटा हो। जानने न जानने से इसका कुछ लेना-देना नहीं है।

फिर जैसा मैंने कहा कि जैसे-जैसे तुम्हारी सीढ़ी आगे बढ़ेगी; वैसे-वैसे मैं कठोर होता जाऊंगा, वैसे-वैसे तुम्हें आग में डाला जायेगा, तभी तो निखरोगे, तभी तो कुंदन बनोगे। कुम्हार घड़े को बनाता है तो थापता है मिट्टी को, बड़ा सम्हालता है। ऊपर से चोट भी करता है, भीतर से हाथ का सहारा भी देता है। लेकिन अहंकारी को चोट ही दिखाई पड़ती है, भीतर हाथ का सहारा नहीं दिखाई पड़ता। निर-अहंकारी को भीतर हाथ का सहारा दिखाई पड़ता है, चोट की वह फिक्र नहीं करता। वह कहता है एक हाथ चोट मार रहा है कुम्हार का। दूसरा हाथ सहारा दे रहा है। यही तो रास्ता है घड़े के बन जाने का। फिर जब घड़ा बन जाता है तो कच्चे घड़े को तो कुम्हार सम्हालकर रखता है, फिर जल्दी ही आग में डालेगा। और घड़ा अगर चिल्लाने लगे कि इतना सम्हाला मुझे...इतना होशियारी से रखते थे सम्हाल-सम्हालकर कि टूट न जाऊं, फूट न जाऊं और अब आग में डालते हो? अगर कच्चे घड़ों में भी विजयानंद जैसे लोग होते, भाग खड़े होते। वे कहते हम चले...। मगर घड़े कहीं भाग नहीं सकते, इसलिये सुविधा है। मैं जिंदा घड़ों पर काम करता हूं, इसलिए कभी-कभी भाग भी जाते हैं। जब आग में डालने के दिन करीब आने लगे तो वे घबड़ा गये। साधक की हैसियत में ही भाग गये।

कुछ लोग शिष्य की हैसियत तक में जाकर भाग जाते हैं, क्योंकि जो आखिरी चोट है, वह तुम्हारे अहंकार का परिपूर्ण विसर्जन है। वह तुम्हारे व्यक्तित्व का पूरी तरह लीन हो जाना है गुरु में, जैसे बूंद सागर में लीन हो जाये। उतना दांव जो लगा सकता है लगा सकता है, अन्यथा कठिनाई हो जाती है।

और, जो भी जायेगा छोड़कर, वह विरोध में बातें करेगा, निंदा भी करेगा। यह सब स्वाभाविक है, इसकी चिंता मत लेना। जहां लाखों शिष्य होने वाले हैं, वहां इस तरह के हजारों लोग होंगे।

तुमने पूछा, कि आपके एक और संन्यासी स्वामी चिन्मय ने करंट में लिखा है कि 'जब मेरे गुरु राजनीति के विरुद्ध बोलते हैं तब वे धर्म से नीचे गिरते हैं।'

इन सज्जन को मैं जानता भी नहीं। ये मेरे शिष्य हैं भी नहीं। इन्होंने अपने को अपने ही आप शिष्य मान लिया है। ये मेरे पास आये भी नहीं। इन्होंने अपने को समझ लिया है कि ये एकलव्य जैसे शिष्य हैं। मगर एकलव्य द्रोण के पास आया था, द्रोण ने अंगीकार नहीं किया था। मगर ये तो मेरे पास आये भी नहीं, नाम भी इन्होंने अपना स्वयं ही रख लिया है। मैं इनकार करता तब भी ठीक था, ये आते तो, ये मेरी आंख के साथ आंख तो मिलाते! इनका यहां आगमन ही नहीं हुआ। इन्होंने अपने को शिष्य भी मान लिया है, और मेरे खिलाफ भी लिखना शुरू कर दिया!

इस तरह की बातें भी घटेंगी। क्योंकि देश में विक्षिप्त लोग भी हैं—सारी दुनिया में हैं, इस तरह के पागल भी हैं। शिष्यत्व, एकतरफा बात नहीं है; दोतरफा बात है। तुम्हारे लेने से ही नहीं हो जाता शिष्यत्व, मैं दूंगा तभी होगा। तुम्हारे मानने से होने लगे तब तो बड़ी मुश्किल हो जायेगी। और तब इस तरह की दुर्घटना घटेगी।

ये सज्जन मुझे समझते भी नहीं। इनको कुछ पता भी नहीं है कि मैं क्या कह रहा हूं, यहां क्या हो रहा है? इन्होंने तो बस मान लिया। इस तरह की घटना भी घटेगी। क्योंकि जब मेरे संन्यासी बढ़ते जायेंगे और एक हवा पैदा होगी, तो इस हवा में, इस लहर में कई लोग कपड़े रंग लेंगे, मालाएं बना लेंगे, अपने को घोषणा कर देंगे। लोग तो उगते सूरज के साथ हो जाते हैं। उसमें से भी लाभ निकालने लगते हैं।

तो इन सज्जन का तो कोई मूल्य नहीं है। और इनके वक्तव्य का तो बिलकुल ही मूल्य नहीं है। क्योंकि इन्हें कुछ पता ही नहीं कि मेरी जीवन-दृष्टि क्या है!

धर्म कोई विषय थोड़े ही है। धर्म की कोई सीमा थोड़े ही है। धर्म तो समस्त जीवन का नाम है। जीवन में जो कुछ भी समाविष्ट है, धर्म उस सभी के संबंध में वक्तव्य देने का हकदार है। राजनीतिज्ञ धर्म के संबंध में वक्तव्य नहीं दे सकता,

क्योंकि राजनीति की सीमा है; लेकिन धार्मिक व्यक्ति राजनीति के संबंध में वक्तव्य दे सकता है, क्योंकि धर्म की कोई सीमा नहीं है। धर्म असीम है। धर्म तो पूरे जीवन को घेरता है, जैसे आकाश घेरता है...। धर्म से तो कोई भी चीज छोड़ी नहीं जा सकती। धार्मिक व्यक्ति की दृष्टि तो सब संबंधों में होगी।

मैं काव्य पर भी बोलूंगा, क्योंकि धर्म की एक काव्य-दृष्टि भी है। इसलिए हमने इस देश में कवियों को दो नाम दिये हैं—कवि और ऋषि। ऋषि हम उस कवि को कहते हैं जिसकी कविता में धर्म बोलता है; जिसकी कविता में ईश्वर का अनुभव बोलता है। जिसने काव्य को धर्म में रंग दिया, उसको हम ऋषि कहते हैं। जैसे रवीन्द्रनाथ को ऋषि कहना चाहिए, कवि नहीं। उनकी गीतांजलि का वही मूल्य होना चाहिए जो किसी भी उपनिषद का है। वे ऋषि हैं। उन्होंने जो कहा है वह सिर्फ मात्रा, छंद, व्याकरण और भाषा का ज्ञान नहीं है। उन्होंने जो कहा है उसमें एक अनुभव की धार है, एक रस बहा है। रस—जो उनका नहीं है! रस—जो उनके ऊपर से आ रहा है। वे तो केवल जैसे माध्यम हैं। जैसे बांसुरी किसी के ओंठ पर रखी बजती है। बांसुरी को यह भ्रांति पैदा हो जाये कि ये स्वर मेरे हैं, तो कवि। और बांसुरी को यह पता चलता रहे कि स्वर किसी और के हैं, मैं जिसके ओंठ पर रखी हूं उसके हैं, तो ऋषि। रवीन्द्रनाथ को यह बोध निरंतर रहा है कि जो मैं गा रहा हूं वह ओंठ पर मेरे है, मगर गीत किसी और का है। मैं सिर्फ उपकरण हूं, निमित्तमात्र हूं।

तो मैं तो काव्य पर भी बोलूंगा। मैं तो कला पर भी बोलूंगा, क्योंकि कला का भी एक धार्मिक आयाम है। जैसे अजंता, एलोरा, खजुराहो, कोणार्क, भुवनेश्वर के मंदिर, पुरी के मंदिर।

तुम जानकर हैरान होओगे कि ताजमहल भी सूफी आधारों पर निर्मित हुआ है। इतिहास में उसकी चर्चा नहीं की जाती, क्योंकि इतिहास जो लोग लिखते हैं उनको इतनी गहराई तक न समझ होती है, न चेष्टा करते हैं। उन्होंने तो समझा कि बस है किसी सम्राट की अपनी प्रेयसी के लिए बनाई गई याददाश्त, बात खत्म हो गयी। लेकिन इसकी खोज में कभी गये नहीं कि सम्राट ने बड़े सूफी संतों से सलाह-मश्विरा किया। ताजमहल को इस ढंग से बनाया गया है कि अगर पूरे चांद की रात में तुम घंटे-भर बैठकर उसको सिर्फ देखते रहे तो ध्यानस्थ हो जाओगे। वह अदभुत धार्मिक कला का नमूना है। एक विशिष्ट दशा में, एक

विशिष्ट भाव से और एक विशिष्ट कोण से अगर तुम देखोगे तो ताजमहल मंदिर है, मकबरा नहीं। देखने-देखने की बात है।

बुद्ध की और महावीर की जो हमने प्रतिमाएं बनाई हैं, वे प्रतिमाएं केवल मूर्तिकला के सबूत नहीं हैं। मूर्तिकला गौण है; उन प्रतिमाओं में हमने बुद्धत्व को समाने की कोशिश की है। अगर तुम बुद्ध की प्रतिमा के सामने बैठकर उसे अपलक निहारते रहोगे, तो जल्दी ही तुम पाओगे तुम्हारे भीतर भी कोई चीज थम गई, ठहर गई। तुम्हारे विचार की प्रक्रिया रुक गयी, तुम्हारे भीतर धीरे से निर्विचार आ गया। उस प्रतिमा के रूप में, ढंग में, रंग में, तुम्हारे भीतर ध्यान को उपजाने की व्यवस्था है। वह प्रतिमा एक यंत्र है, जिससे तुम्हारे भीतर ध्यान को प्रेरणा दी जा सकती है।

तो मैं मूर्तिकला पर भी बोलूंगा। मैं तो जीवन के हर अंग पर बोलूंगा। क्योंकि मैं धार्मिक हूं, इसलिए मेरे लिये जीवन का कोई अंग अछूता नहीं है, अछूता नहीं छूटेगा। मैं किसी हिस्से को अछूत नहीं मानता। मैं राजनीतिज्ञ नहीं हूं, लेकिन राजनीति पर बोलूंगा। मैं धार्मिक हूं, इसलिये बोलूंगा। क्योंकि राजनीति सिर्फ राजनीति ही तो नहीं है, उससे तुम्हारे जीवन का बहुत कुछ निर्धारित होगा। उस निर्धारण में तुम्हारा धर्म भी प्रभावित होगा।

अब जैसे समझो कि भारत ने एक राजनीति तय कर ली—धर्मनिरपेक्षता की। इसका परिणाम धर्म पर होने वाला है। यह बात गलत है। कोई राष्ट्र धर्मनिरपेक्ष नहीं होना चाहिए। हां, किसी विशिष्ट संप्रदाय का प्रभुत्व न हो यह ठीक है, लेकिन धर्मनिरपेक्ष तो कैसे कोई राज्य हो सकता है? हिंदू न हो, मुसलमान न हो, यह तो ठीक है। होना ही नहीं चाहिए हिंदू और मुसलमान। लेकिन एक अति है कि राष्ट्र हिंदू हो जाता है, कि मुसलमान हो जाता है; दूसरी अति है कि राज्य अधार्मिक हो जाता है कि हमें धर्म से कुछ लेना-देना नहीं। आदमी के प्राण का इतना बहुमूल्य हिस्सा—और तुम कहोगे हमें उससे कुछ लेना-देना नहीं! उसके घातक परिणाम होंगे। राज्य को धर्म की तरफ सुविधा बनानी ही होगी। राज्य को धार्मिक नहीं होने की जरूरत है हिंदू-मुसलमान के अर्थ में; मगर धार्मिक होने की जरूरत है इस अर्थ में कि देश में ध्यान बढ़े, प्रेम बढ़े, शांति बढ़े। लोगों के जीवन में योग उतरे। लोगों के जीवन में एक अंतरंग अनुशासन जन्मे। लोगों के भीतर आत्मा पैदा हो।

तो मैं तो विरोध करूंगा धर्मनिरपेक्ष राज्य का। राज्य को तो धर्म को वैसे ही गति देनी चाहिए जैसे माली पानी सींचता है वृक्षों में, ताकि फूल खिलें; चेतना के फूल खिलेंगे नहीं अन्यथा। फिर लाख तुम उपाय करते रहो कि लोग नैतिक हो जायें, लोग सदाचारी हो जायें, सचरित्र हो जायें; वे सब उपाय असफल हो जायेंगे। क्योंकि फूल खिलेंगे ही नहीं, तुमने जड़ों को पानी ही न दिया।

धर्म जड़ है जीवन की सारी नीति की। और अगर राज्य धर्मनिरपेक्ष है तो राजनीति नीति तो बिलकुल नहीं होगी, अनीति हो जायेगी। वही हुआ है।

तो मैं तो राजनीति की आलोचना करूंगा, समस्त बुद्धों ने की है। समस्त बुद्धों के वक्तव्य हैं। जीसस को सूली न लगाई गयी होती, अगर उन्होंने उस समय की राजनीति का विरोध न किया होता। राजनीति महत्वाकांक्षा से चलती है। राजनीति एक रोग है। और दुनिया को राजनीति से धीरे-धीरे मुक्त करना है। क्योंकि जितनी ऊर्जा राजनीति में लग जाती है, वही ऊर्जा धर्म में लगे तो लोगों के जीवन में बड़ा आनंद, बड़ा उत्सव फले।

तो जो व्यक्ति कहता है कि चूंकि मैंने राजनीति के विरोध में कुछ कह दिया, इसलिए धर्म से नीचे गिर गया, उसे न तो धर्म का पता है न राजनीति का पता है। और मेरा तो उसे बिलकुल पता नहीं है। धर्म में पहुंचकर कोई गिरता थोड़े ही है! और जो गिर जाये वह पहुंचा ही नहीं। जो पहुंच गया, पहुंच गया, गिरने का कोई उपाय नहीं। मैं नर्क में भी चला जाऊं तो जो मैं हूं वही रहूंगा, गिरने का कोई उपाय नहीं है।

एक पंडित रमण के पास आया और बहुत सिर खाने लगा, शास्त्रों की बातें करने लगा। रमण ने उसे बार-बार कहा कि भाई मेरे, ध्यान करो। इस सब से कुछ भी नहीं होगा, यह सब बातचीत है और बेकार है। समय मत खराब करो, ऐसे ही तुम्हारी जिंदगी बीत गयी। मगर वह भी शास्त्री था, उसने कहा: 'आप क्या कह रहे हैं, बेकार है? यह वेद का वचन है।' और प्रमाण देने लगा। और रमण ने कहा कि अच्छा है, सब ठीक है, मगर तुम ध्यान तो करो। उसने कहा कि पहले इस संबंध में बातचीत होगी तभी ध्यान करूंगा। वह जिद्द पकड़े ही रहा, रमण उससे कहते रहे कि ध्यान करो। वे एक ही बात कहते थे कि ध्यान करो, और कुछ कहने को है भी नहीं। जब वह नहीं माना तो उन्होंने उठा लिया अपना डंडा...। वह आदमी घबड़ाया। उसने कभी सोचा नहीं था कि रमण और डंडा उठायेंगे। और

रमण उसके पीछे दौड़े।...जरा सोचो महर्षि रमण को डंडा लिये, एक पंडित के पीछे दौड़ते...। अनेक रमण के अनुयायियों में बड़ा संदेह पैदा हो गया कि रमण और डंडा उठायें और क्रोधित हो जायें! यह तो पतन हो गया! कहीं ऐसा होता है?

क्योंकि हमने धारणाएं बना ली हैं कि जो आदमी बुद्धत्व को उपलब्ध हो गया है वह डंडा थोड़े ही उठायेगा! हमें कुछ पता ही नहीं है। बुद्धत्व को उपलब्ध व्यक्ति भी डंडा उठाता है, हालांकि उसका डंडा उठाना तुम्हारे डंडा उठाने से बहुत भिन्न होता है...उठा सकता है वह। रमण उसे खदेड़कर भीतर आ गये, खूब खिलखिलाकर हंसने लगे...। किसी ने पूछा: यह आपने क्या किया? उन्होंने कहा: मैं और क्या करता? लातों की देवी बातों से मानती ही नहीं। वह सिर खाये ही जाता था। वह हटनेवाला था ही नहीं; वह डंडे की ही भाषा समझ सकता था।

रमण क्रोधित नहीं हुए हैं। रमण और क्रोधित हों, यह संभव ही नहीं है। रमण अगर क्रोधित हो भी जायें, तुम्हें दिखाई पड़ें क्रोधित होते, तो भी क्रोधित नहीं होते।

तुमने जीसस की कहानी तो सुनी है न! कि उन्होंने उठा लिया था कोड़ा, घुस गये थे मंदिर में, और मंदिर में जिन लोगों ने ब्याज की दुकानें खोल रखीं थीं उनके तख्ते उलट दिये थे। कोड़े मार कर उनको खदेड़कर बाहर कर दिया था...। अब जरा सोचो कि जीसस और कोड़े उठा कर लोगों को खदेड़ दें यह बात तो जंचती नहीं, फिर यह कैसा पहुंचा हुआ सिद्ध-पुरुष हुआ! तो यह भी क्रोधित हो गया तो धर्म से पतन हो गया।

मैं तुमसे कहता हूं कि जिसको डर है धर्म से पतित होने का, उसे तो धर्म का पता ही नहीं है। वहां से कोई पतित थोड़े ही होता है। वह तो परम जागरण है, आत्यंतिक दशा है। वहां तो जो एक बार पहुंच गया, मिट ही गया। रमण ने डंडा हाथ में उठाया, यह बात ही कहना गलत है—परमात्मा ने ही डंडा हाथ में उठाया; रमण अब तो हैं ही नहीं। और जीसस ने कोड़े मारे यह बात भी गलत है। जीसस तो अब हैं ही नहीं, परमात्मा ने ही कोड़ा उठाया, जीसस के हाथों का उपयोग किया।

तो मैं अगर कभी कोई कठोर वक्तव्य दे देता हूं तो जो नहीं समझते वे कहेंगे अरे, इतनी कठोर बात कह दी! ऐसी बात किसी प्रज्ञापुरुष को कहनी चाहिए? उनकी धारणाएं हैं। और इस देश में तो बड़ी धारणाएं हैं। तुमने तो ऐसी धारणाएं बना ली हैं कि अगर तुम्हारी धारणा को मानकर कोई चले तो वह और कुछ हो

सकता है, प्रज्ञापुरुष तो नहीं हो सकता। उसमें तो तुम इतनी जंजीरें डाल दोगे, उसका जीना ही मुश्किल कर दोगे।

अब थोड़ा सोचो, रमण अगर धोखेबाज होते तो सोचते वे, थोड़ी कूटनीति करते कि डंडा उठाना कि नहीं उठाना? सोचते कि डंडा उठाऊंगा तो लोग क्या कहेंगे। ऐसा सोचकर डंडा न उठाते तो मैं कहता प्रज्ञापुरुष नहीं थे। लेकिन सहज छोटे बच्चे की भांति डंडा उठा लिया। जो जब जैसा जरूरी था, जिस परिस्थिति में उनके चैतन्य में जो भाव आविर्भूत हुआ, उसके अनुकूल जीये—न चिंता की कि तुम क्या सोचोगे, कि तुम क्या कहोगे।

मैं तुम्हारी चिंता नहीं करता कि तुम क्या सोचोगे, तुम क्या कहोगे। मुझे जो सहज है, उस ढंग से जीता हूं। जो मुझे सहज कहना है, कहता हूं। जो कहा जाता है, कहता हूं। जो होता है, होने देता हूं। तुम्हारी धारणाएं तुम समझो। तुम्हें ठीक लगे ठीक, तुम्हें गलत लगे गलत; मेरी तरफ से न कुछ अब गलत है, न कुछ अब ठीक है।

ये सज्जन जिन्होंने अपना नाम स्वामी चिन्मय रख छोड़ा है, मेरे शिष्य नहीं हैं, न उन्हें मैं क्या कह रहा हूं इसका कोई अनुभव है। मगर इस तरह की बातें होंगी। झूठे शिष्य भी पैदा हो जायेंगे, झूठे दावेदार भी पैदा हो जायेंगे। यहां से संन्यासियों की मालाएं चोरी चली जाती हैं। मालाएं कौन चुरा ले जाता है! बड़ी हैरानी की बात है—मालाओं को चुराकर करोगे क्या? लेकिन मालाएं चुराकर चले गये तो वे मेरे संन्यासी हो गये, मैंने उन्हें संन्यास दिया नहीं। गैरिक वस्त्र तो वे बना लेंगे, माला की दिक्कत थी वह उन्होंने चुरा ली। अब वे चले गांव-गांव...यहां खबरें आती हैं कि आपका संन्यासी इस गांव में आया और चंदा ले गया। उसने कहा कि आश्रम को बड़ी जरूरत है। यह भी होगा। अब उसके पास माला होती है तो लोग मान लेते हैं कि ठीक है, आश्रम के द्वारा आया होगा, संन्यासी उनका है। तो ऐसे कोई दस संन्यासियों की खबरें आयी हैं, जो पैसे इकट्ठे कर रहे हैं। एक ने तो हजारों रुपये इकट्ठे कर लिये हैं—कोई चालीस हजार रुपये—तब पकड़ में आया वह, कि वह मेरा संन्यासी ही नहीं है।

सावधान रहना, इस तरह की घटनाएं स्वाभाविक हैं। जहां इतना बड़ा आंदोलन उठेगा, वहां ये छोटी-मोटी चीजें भी अपने-आप पैदा होती हैं! जैसे फूल खिलते हैं तो थोड़े कांटे भी। उनको अंगीकार करना होता है। सजग रहना,

सावधान रहना, गद्दार भी होंगे। धोखा भी देनेवाले लोग आयेंगे। झूठा प्रचार भी करेंगे। और इतना झूठा प्रचार कर सकते हैं कि आश्चर्य मालूम हो।

अभी जर्मनी के अखबारों में मेरे संबंध में बहुत तूफान उठा हुआ है, कोई महीने-भर से तूफान चल रहा है। करीब-करीब जर्मनी के सारे अखबार उसमें सम्मिलित हो गये हैं। ऐसा शायद ही कोई अखबार हो जर्मनी का, जिसने मेरे पक्ष या विपक्ष में वक्तव्य नहीं छापे हैं। जोर का घमासान है...। और जिस आदमी ने शुरू किया, उस आदमी का जो पहला वक्तव्य था, मैंने भी पढ़ा तो मैं भी आनंदित हुआ। उसने वक्तव्य दिया कि 'साढ़े पांच बजे सुबह मैं आश्रम के द्वार पर पहुंचा'—जर्मन पत्रकार—'दरवाजा खटखटाया। नग्न एक सुंदर युवती ने दरवाजा खोला। साढ़े पांच बजे सुबह...। और इतना ही नहीं, पास के एक वृक्ष से एक फल तोड़कर, जो सेब जैसा मालूम पड़ता था, उसने मुझे दिया और कहा : इसे आप भगवान का प्रसाद मानकर अंगीकार करें। मैंने उससे पूछा कि इससे क्या होगा? उसने कहा कि इससे मनुष्य में बड़ी काम-ऊर्जा पैदा होती है।'

अब तुम चकित होओगे जानकर कि पत्र आने शुरू हो गये। आस्ट्रेलिया से एक पत्र आया हुआ है। एक बूढ़े आदमी ने पत्र लिखा है कि मेरी सत्तर साल की उम्र है और मेरी पत्नी जवान है और आपके आश्रम में ऐसा फल है, तो मैं आ जाऊं? मुझ पर कृपा करो। यह सब भी होगा। मैंने उनको लिखवाया है कि आप आओ तो! फल इत्यादि की पीछे सोचेंगे। चलो इस बहाने ही आ तो जाओ। आ जायेंगे तो समझा-बुझा लूंगा कि चलो ध्यान तो करो। जर्मनी से मेरे मित्रों ने लिखा है कि आप सावधान रहना, क्योंकि यहां इतना इस तरह का जो झूठा प्रचार चल रहा है, इसका परिणाम यह होगा कि सब तरह के रुग्णचित्त लोग, मानसिक रूप से विकृत लोग आश्रम पहुंचना शुरू हो जायेंगे।

एक सज्जन आ गये हैं। आ ही गये! साठ वर्ष के हैं। उन्होंने आते ही से खबर की कि वे होमोसेक्सुअलिटी से पीड़ित हैं, तो कोई उपाय है मेरे लिये? यह दुनिया बड़ी अजीब है, इसके रास्ते बड़े अजीब हैं! भिन्न-भिन्न तरह के लोग यहां हैं। सब तरह के पागलपन हैं पृथ्वी पर...।

इन पागलों के बीच जीना और होशपूर्वक जीना और पागलपन से मुक्त होकर जीना बड़ी कठिन बात है। पागलों के बीच जागकर जीना बड़ी कठिन बात है! वही कठिनाई सारे बुद्धों को रही है, क्योंकि पागल अपनी चीजें उन पर थोप देते हैं।

उनका पागलों का भी कोई कसूर नहीं है, वे भी क्या करें? उनके पास जैसा चित्त है वही वे थोप देते हैं।

अब अगर इन सज्जन को कहा जाये कि आप पागल हो, आप किन अखबारों की बातें सुनकर आ गये हो, तो वे मानेंगे नहीं, वे समझेंगे कि उनकी तरफ ध्यान नहीं दिया जा रहा है। उनको कहलवाया कि आप फिजूल की बातें पढ़कर आ गये, आप यहां देखो, यहां कुछ हमें इस तरह के लोगों के इलाज करने की उत्सुकता नहीं है। यह कोई चिकित्सालय नहीं है इस तरह के लोगों के लिये।

तो उन्होंने खबर भेजी कि अगर संन्यास लेना जरूरी हो तो मैं संन्यास भी ले सकता हूं, मगर अब जाऊंगा नहीं। अब तो कुछ हो ही जाये तो ही जाऊंगा।

यह सब होगा। जो मेरे साथ हैं उन्हें सजग होकर इन सारी बातों पर ध्यान रखना होगा; न तो विचलित होने की जरूरत है, न परेशान होने की जरूरत है। झूठी बातें कही जायेंगी, झूठी बातें फैलाई जायेंगी और उन पर भरोसा करने वाले लोग मिल जायेंगे। और भीड़ उन पर भरोसा कर लेगी। भीड़ इसलिए भरोसा कर लेगी, क्योंकि मैं जो कह रहा हूं वह भीड़ की मान्यताओं के विपरीत है। इसलिए मेरे खिलाफ जो भी कहा जायेगा, भीड़ उस पर राजी हो जायेगी। और मेरे खिलाफ बोलने वाले लोग बढ़ेंगे, क्योंकि उससे उनको लाभ होगा। लोग उनकी मानेंगे, सुनेंगे, समझेंगे। लोग समझेंगे कि ये बड़े ज्ञानी हैं। मगर यह नाटक सदा से ऐसा ही चलता रहा है। कभी जीसस होते जो जुदास हो जाते, कभी बुद्ध होते तो देवदत्त हो जाता, और कभी महावीर हो जाते तो गोशाला हो जाता है। किरी न किसी को मेरे साथ भी जुदास तो होना ही पड़ेगा।

दूसरा प्रश्न: श्रद्धा क्या है?

श्रद्धा है भीतर आंख। जैसे ये दो आंखें हैं जगत को देखने के लिए, ऐसी एक तीसरी आंख है तुम्हारे भीतर, जिसका नाम श्रद्धा है। श्रद्धा की आंख से परमात्मा देखा जाता है। श्रद्धा की आंख का अर्थ है प्रेम की आंख। कुछ बातें हैं जो प्रेम ही जान पाता है। और कोई उपाय जानने का नहीं है।

तुम अगर किसी व्यक्ति को प्रेम करते हो तो तुम्हें उसमें कुछ बातें दिखाई पड़ेंगी जो किसी और को दिखाई नहीं पड़ेंगी। तुम्हें उसमें कुछ माधुर्य दिखाई पड़ेगा जो और किसी को दिखाई नहीं पड़ेगा। वह माधुर्य नाजुक है; उसके लिए प्रेम का

स्पर्श चाहिए, तो ही प्रकट होता है। तुम्हें उस व्यक्ति में एक गीत की अनुगूंज सुनाई पड़ेगी, जो किसी और को सुनाई नहीं पड़ेगी। उसके लिए जितने करीब आना जरूरी है, उतना कोई करीब नहीं है; तुम्हीं उतने करीब हो।

इसलिए जिसको हम प्रेम करते हैं, उसमें सौंदर्य प्रगट होने लगता है। लोग सोचते हैं कि जिसमें सौंदर्य होता है हम उसके प्रेम में गिरते हैं, वे गलत सोचते हैं। तुम जिसके प्रेम में पड़ जाते हो उसमें सौंदर्य दिखाई पड़ता है। उसमें जीवन की सारी महत्ता, सारी गरिमा प्रगट होने लगती है। और ऐसा नहीं है कि तुम कल्पना कर रहे हो; प्रेम की आंख खुलते ही तुम्हें अदृश्य दृश्य होने लगता है, अगोचर गोचर होने लगता है। जो छिपा है उसकी उपस्थिति अनुभव होने लगती है। बिना द्वार खुले कोई तुम्हारे भीतर आ जाता है।

खुलता नहीं दिल बंद ही रहता है हमेशा।
क्या जाने कि आ जाता है तू इसमें किधर से।।

श्रद्धावान को पता चलता है कि बड़े आश्चर्य की बात है कि कहां से, किस अज्ञात द्वार से परमात्मा भीतर प्रवेश कर जाता है!

देख्यौ जागत वैसिये, सांकरि लगी कपाट ।
कित है आवत जात भजि, को जाने किहिं बाट।।

बिहारी का यह दोहा है, बड़ा प्यारा है! चारों ओर से किवाड़ बंद करके प्रेमिका सो रही है। स्वप्न में उसके प्रिय आ जाते हैं, इतने में वह जाग जाती है। जागकर देखती है कि किवाड़ तो वैसे ही बंद हैं, उसमें सांकल भी उसी प्रकार से लगी हुई है। न जाने वह किधर से आते हैं और किस रास्ते से भाग जाते हैं!

देख्यौ जागत वैसिये, सांकरि लगी कपाट ।
कित है आवत जात भजि, को जाने किहिं बाट।।

कहां से तुम आ जाते हो, कहां से तुम विदा हो जाते हो! कौन-से झरोखे से झांक जाते हो! उस झरोखे का नाम श्रद्धा है।

जो तर्क में ही जीता है वह पदार्थ से ज्यादा गहरा कुछ भी न जान पायेगा। उसका जीवन व्यर्थ ही होगा। धन भला इकट्ठा कर ले, मगर सब धन पड़ा रह जायेगा। ध्यान से वंचित रह जायेगा। और ध्यान ही मृत्यु में भी साथ जाता है। परम धन उसे न मिलेगा। धन तो उसी को मिलता है जिसके भीतर श्रद्धा की आंख है।

मैंने तुमसे कहा कि चार कोटियां हैं जिज्ञासुओं की। विद्यार्थी, वह तर्क से चलता है। साधक, वह कृत्य से चलता है। शिष्य, प्रेम से चलता है। और भक्त, श्रद्धा से।

प्रेम की पराकाष्ठा है श्रद्धा। श्रद्धा का अर्थ है : जो अब तक नहीं हुआ है वह भी होगा, उस पर भरोसा है। क्योंकि जो हुआ है उससे भरोसा जगता है। इस जगत में इतना सौंदर्य है, इस जगत में इतनी रोशनी है, इतना संगीत है... पक्षियों के कंठ-कंठ में संगीत भरा है! पत्ते-पत्ते में सौंदर्य है, तारों-तारों में रोशनी है। यह जगत इतना महिमापूर्ण है, इसके पीछे कोई न कोई चितेरा होना ही चाहिए।

श्रद्धा का अर्थ है : इतने रंगों के पीछे कोई चितेरा होना ही चाहिए।

श्रद्धा का अर्थ है : इतनी सौंदर्य की जहां वर्षा हो रही है, वहां इस सौंदर्य का कोई मूलस्रोत भी होना ही चाहिए।

यह तर्क नहीं है, यह कोई कार्य-कारण का सिद्धांत नहीं है—यह प्रतीति है। जैसे तुम जब बगीचे के करीब आने लगते हो तो हवाओं में थोड़ी-सी शीतलता मालूम होने लगती है। अभी बगीचा दिखाई नहीं पड़ा, लेकिन हवा शीतल होने लगी। तो एक बात तय है कि तुम बगीचे के करीब आ रहे हो। जाने-अनजाने तुम्हारे पैर ठीक रास्ते पर पड़ रहे हैं, कि दूरी कम हो रही है, कि निकटता बढ़ रही है। फिर धीरे-धीरे हवाओं पर सवार फूलों की सुगंध भी आने लगी... यह बेले की सुगंध, यह रातरानी की सुगंध, यह गुलाबों की सुगंध...। अब तुम जानते हो कि करीब, और भी करीब आने लगे। अभी भी बगीचा दिखाई नहीं पड़ा है, लेकिन अब तुम निश्चिंत हो कि बगीचा है, नहीं तो यह सुगंध कहां से? सुगंध का स्रोत कहीं होगा, फूल कहीं खिले होंगे! फिर तुम और करीब आते हो, पक्षियों के गीत भी सुनाई पड़ने लगे। अब तुम जानते हो कि घनी छाया होगी, घने वृक्ष होंगे; नहीं तो इतने पक्षियों के गीत... यह कोयल पुकारने लगी तो अमराई होगी।

श्रद्धा का अर्थ है : जो सूक्ष्म-सूक्ष्म संकेत मिलते हैं, उनके द्वारा स्रोत को स्वीकार कर लेना। गुरु के पास बैठे और चित्त मगन होने लगा, कुछ बूंदाबांदी होने लगी, हृदय में कोई कमल खिलने लगा, तो तुम जानते हो कि जिसके पास बैठने से ऐसा हो रहा है, अब कुछ और भी होगा; भरोसा बढ़ा।

तुम मिलोगे ही कभी सुधि की डगर में,
मैं तुम्हारी याद को अपना बना लूं!

तुम मिलोगे ही कभी...ऐसी भाव दशा का नाम श्रद्धा है।

तुम मिलोगे ही कभी सुधि की डगर में
मैं तुम्हारी याद को अपना बना लूं!
तुम मिटा दोगे कभी मन की घुटन को
मैं तुम्हारी ज्योति को अपना बना लूं!

सुबह-सी मुस्कान, चंदन-सा हृदय-धन,
ओस-सा पावन नयन का नीर ढाला;
सुमन को सौरभ, भ्रमर को गूंज देकर,
स्वयं को छलती रही, पी मदिर हाला
तुम सजा दोगे कभी बिखरे सपन को
मैं तुम्हारी नींद को अपना बना लूं!
तुम मिलोगे ही कभी सुधि की डगर में,
मैं तुम्हारी याद को अपना बना लूं!

मैं अकिंचन-सी किनारे पर खड़ी हूं,
और उफनाता जलधि ललकारता है;
साथ देने को लहर बेकल बढ़ी है,
और तट का धैर्य भी हुंकारता है;
तुम मिलोगे ही कभी स्नेहिल लहर में;
मैं विकल मंझधार को अपना बना लूं!
तुम मिटा दोगे कभी मन की घुटन को,
मैं तुम्हारी ज्योति को अपना बना लूं!
रात लंबी है, मगर तारों-भरी है,
हर दिशा का दीप पलकों ने जलाया;
सांस छोटी है, मगर आशा बड़ी है,
जिंदगी ने मौत पर पहरा लगाया;
तुम मिलोगे ही कभी पिछले पहर में,
मैं सिसकती मांग शबनम से सजा लूं!

तुम मिलोगे ही कभी सुधि की डगर में!
मैं तुम्हारी याद को अपना बना लूं!

तुम मिटा दोगे कभी मन की घुटन को,
मैं तुम्हारी ज्योति को अपना बना लूं!

इशारे हैं चारों तरफ, संकेत हैं चारों तरफ। श्रद्धा उन संकेतों को समझने का नाम है।

तर्क अंधा है, क्योंकि तर्क स्थूल मांगता है। जैसे गुलाब खिला और अगर तुम तार्किक को कहो कि देखो कितना सुंदर, कितना अप्रतिम! तो तार्किक कहे कि 'कहां है सौंदर्य, दिखाओ मुझे। मैं सौंदर्य को हाथ में लेकर देखना चाहता हूं, मैं उसे छूना चाहता हूं। मैं उसे तौलना चाहता हूं। मैं विज्ञान के तराजू पर उसे तौलना चाहता हूं। मैं गणित की कसौटी पर कसना चाहता हूं। मैं तर्क के हिसाब में उसे लाना चाहता हूं। तभी स्वीकार करूंगा।' अब तुम क्या करोगे?

और ऐसा नहीं है कि फूल सुंदर नहीं है। फूल सुंदर है। मगर सौंदर्य कोई स्थूल वस्तु नहीं है कि तुम उठा कर दे दो इस तार्किक को, कि ले जा, नाप ले; कि ले जा, जांच ले।

मैंने सुना है कि बाउलों का एक प्यारा गीत है। किसी बाउल फकीर को पूछा किसी दार्शनिक ने कि तुम बहुत परमात्मा के गीत गाते हो, दीवाने हुए घूमते हो; मुझे तो कुछ दिखाई नहीं पड़ता। तुम किसके लिए यह एकतारा और डुग्गी लिये घूमते हो, किसके लिए बजाते हो यह गीत, किसके लिए नाचते हो? मुझे तो सब कोरा-कोरा मालूम पड़ता है। मुझे तो कहीं कोई परमात्मा दिखाई नहीं पड़ता। और तुम्हारी आंख से आंसू बहते हैं! और तुम मग्न हो जाते हो! तुम पागल हो?

इसीलिए तो उनका बाउल नाम पड़ गया—बाउल का अर्थ होता है पागल, बावले। वह फकीर एकतारा बजाने लगा, और उसने एक गीत गाया। गीत बड़ा अदभुत है। गीत का अर्थ है, कि ऐसा हुआ, एक बार एक सुनार एक बगीचे में पहुंच गया और माली से कहने लगा कि मैंने बड़ी चर्चा सुनी है तेरे फूलों की, कि बड़े सुंदर तू फूल उगाता है। तो आज मैं अपने सोने के कसने के पत्थर को लेकर आ गया हूं। आज जांच-जांचकर देखूंगा कि कौन-कौन फूल असली, कौन-कौन नकली?

तो बाउल कहने लगा: सोचते हो क्या दशा हो गयी होगी उस माली की! उसके फूलों को अगर पत्थर पर घिसोगे...। सोने को परखने वाला पत्थर, फूलों के सौंदर्य को नहीं परख पायेगा। सोना स्थूल है, और सोना स्थूल लोगों की बुद्धि को ही प्रभावित करता है। जड़ता जिनमें बहुत है, उनके लिए सोना सबसे मूल्यवान है। लेकिन और भी हैं, जिनकी संवेदनशीलता गहन है। उनके लिए फूल, सारे जगत का सोना भी दे दिया जाये तो भी एक फूल की कीमत नहीं चुक सकती, क्योंकि फूल जीवंत सौंदर्य है।

तो फकीर कहने लगा: जो दशा उस माली की हो गयी थी, वही दशा तुमने मेरी कर दी। तुम कहते हो: 'परमात्मा कहां है? तर्क से सिद्ध करो।' न तो फूल कसे जा सकते हैं सोने को कसने की कसौटी पर, और न तर्क की कसौटी पर परमात्मा कसा जा सकता है।

जीवन स्थूल नहीं है; तर्क स्थूल को ही पकड़ता है। सूक्ष्म को जो पकड़ लेता है उसका नाम श्रद्धा है। श्रद्धा एक अनूठा आयाम है।

तुम मिलोगे ही कभी सुधि की डगर में!

यह जो बोध का रास्ता है, इस पर कभी न कभी तुम मिल जाओगे—यह भरोसा! क्योंकि तुम हो! क्योंकि फूलों ने खबर दी कि तुम हो। क्योंकि वृक्षों से छनती हुई इस सूरज की रोशनी ने खबर दी कि तुम हो। क्योंकि रात तारे नाचने लगे और खबर मिली कि तुम हो। कि यह जो जीवन और अस्तित्व में इतनी रंग-गुलाल उड़ी है, यह जो होली मची है, यह जो दीवाली सजी है—इस सबने खबर दी कि तुम हो। इतना जहां उत्सव हो रहा है वहां मालिक कहीं छिपा होगा, अन्यथा यह उत्सव कभी का बंद हो जाता। जहां इतना नर्तन चल रहा है, इस नर्तन के केंद्र पर कोई होगा।

तुम मिलोगे ही कभी सुधि की डगर में,
मैं तुम्हारी याद को अपना बना लूं!

श्रद्धा मनुष्य के जीवन की सर्वाधिक मूल्यवान वस्तु है। जिसके जीवन में श्रद्धा, उसके जीवन में सब कुछ है। क्योंकि उसके जीवन में परमात्मा की छाया पड़ेगी। उसे अदृश्य आंदोलित करेगा। उसके हृदय में काव्य उठेगा। उसके प्राणों में बांसुरी बजेगी। उसे ध्यान भी फलेगा, उसे समाधि भी मिलेगी। उसका जीवन सार्थक होगा। और जिसके जीवन में श्रद्धा नहीं है उसका जीवन व्यर्थ होगा।

तर्क के सहारे अगर चले तो आज नहीं कल सिवाय आत्महत्या करने के और कुछ बचता नहीं है। इसलिए पश्चिम के विचारक जो तीन सौ साल से तर्क के सहारे चल रहे हैं, आत्महत्या पर पहुंच गये हैं। पश्चिम के बहुत बड़े विचारक अलबर्ट कामू ने लिखा है कि मुझे तो आत्महत्या ही सबसे महत्वपूर्ण दार्शनिक समस्या मालूम पड़ती है। कि आदमी अपने को मिटा क्यों न ले, होने में सार क्या है? उठे रोज, नाश्ता किया, गये दुकान, कि दफ्तर, कि दिन-भर मेहनत की, कि सांझ फिर आ गये पिटे-कुटे। फिर भोजन कर लिया, फिर सो गये, फिर सुबह उठे। अगर यही-यही है तो देख लिया बहुत, तो हो गया बहुत। एक सीमा होती है; अब इसी-इसी को क्यों दोहराए जाना? इसमें सार क्या है? अगर यही है तो सार बिलकुल नहीं है। और तर्क कहता है कि बस यही है।

तर्क की अंतिम निष्पत्ति आत्मघात है, और श्रद्धा की अंतिम निष्पत्ति अमृत जीवन है। चुन लो, जो रुचे चुन लो। तुम अपने मालिक हो। जब तुम श्रद्धा छोड़कर तर्क चुनते हो तो तुम यह मत सोचना कि तुम परमात्मा का विरोध कर रहे हो; तुम अपना आत्मघात कर रहे हो।

जिस दिन फ्रेडरिक नीत्शे ने यह घोषणा की कि ईश्वर मर गया है, उस दिन ईश्वर नहीं मरा, लेकिन उसी दिन फ्रेडरिक नीत्शे पागल हो गया। ईश्वर कहीं मरता है किसी की घोषणा करने से? लेकिन एक घटना जरूरत घटती है : अगर ईश्वर मर गया तो जीवन में अर्थ क्या रह गया?

जरा सोचो, ईश्वर को हटा दो, तो उसी के साथ सारा सौंदर्य हट गया, सारा प्रेम हट गया, सारी प्रार्थना हट गयी। मंदिरों की घंटियां फिर न बजेंगी, पूजा के थाल फिर न सजेंगे, अर्चना फिर न हो सकेगी—सब हट गया। जीवन में जो भी मूल्यवान था, 'ईश्वर' एक शब्द को हटा देने से सब हट जाता है। फिर बचा क्या? कूड़ा-करकट! फिर बैठे हो तुम रद्दी के ढेर पर। फिर सार कहां है? फिर तुम्हारा जीवन एक दुर्घटना मात्र है। फिर अभी मरे कि कल मरे, क्या फर्क पड़ता है? फिर जीना कायरता है। फिर कोई सार नहीं। फिर क्यों जीते रहना, फिर क्यों दुख झेलना? फिर अपने ही हाथ से समाप्त क्यों न कर लें?

नीत्शे पागल हुआ और यह पूरी सदी पागल हो जा रही है। क्योंकि इस पूरी सदी ने नीत्शे पर भरोसा कर लिया है। यह पहली बार मनुष्य-जाति के इतिहास में घटना घटी है कि लोग श्रद्धा का अर्थ पूछने लगे हैं। श्रद्धा का अनुभव नहीं रहा,

इसलिए अर्थ पूछना पड़ता है। लोग पूछने लगे हैं, प्रेम क्या है? क्योंकि प्रेम का अनुभव नहीं रहा।

जिस दिन लोग पूछने लगें प्रकाश क्या है, समझ लेना कि लोग अंधे हो गये। जिस दिन लोग पूछने लगें संगीत क्या है, समझ लेना कि बहरे हो गये। और क्या होगा इसका अर्थ? श्रद्धा हमारी सूख गयी है। हम बिलकुल बिना श्रद्धा के जी रहे हैं।

और मैं तुमसे कहता हूं: तुम मंदिर भी जाते हो, मस्जिद भी, गुरुद्वारा भी और बिना श्रद्धा के जाते हो; इसलिए तुम्हारे जाने में कुछ अर्थ नहीं है। तुम जाते हो, वह भी एक उपक्रम हो गया है जीवन की व्यवस्था का। और सब जाते हैं, तुम भी जाते हो। न जाओ तो अड़चन आती है, जाते रहो तो सुविधा रहती है, समाज में प्रतिष्ठा रहती है कि बड़े धार्मिक हो। धार्मिक का आभास बना रहे तो कई तरह की सुविधाएं बनी रहती हैं; धार्मिक का आभास टूट जाये तो लोग नाराज होने लगते हैं, लोग अड़चनें देने लगते हैं। चलो एक नाटक है, करते रहो; मगर श्रद्धा नहीं है। क्योंकि जब तुम मंदिर की तरफ जाते हो तब मैं तुम्हारे पैरों में नर्तन नहीं देखता। जब तुम मंदिर से लौटते हो तो तुम्हारी आंखों में झलकते आनंद के आंसू नहीं देखता। जब तुम मंदिर में हाथ जोड़ते हो तो मैं तुम्हारा हृदय जुड़ा हुआ नहीं देखता।

श्रद्धा खो गयी है। और श्रद्धा खो गयी तो आंख खो गयी—परमात्मा को देखने वाली आंख खो गयी। लेकिन जो खो गया है, वह अब भी तुम्हारे भीतर मौजूद है। बंद पड़ा है, उसे खोला जा सकता है। जहां श्रद्धा खुल जाये, जिस आघात से, उसका नाम ही सत्संग है। जिसकी मौजूदगी में श्रद्धा की कली खिले और फूल बन जाये उसी का नाम सदगुरु है।

तीसरा प्रश्न: प्रेम की अग्नि-परीक्षा क्यों ली जाती है?

प्रेम की ही ली जा सकती है। सोने को ही आग में डाला जाता है, क्योंकि कचरा जलेगा, सोना बच रहेगा; कुंदन बनेगा। प्रेम की अग्नि-परीक्षा ली जाती है, क्योंकि प्रेम अग्नि में जलता नहीं; जो जल जाये वह प्रेम नहीं। जो अग्नि के पार बच रहता है वही प्रेम है। और फिर शुद्ध होकर बचता है; उसमें जो भी कूड़ा-करकट था...। और तुम्हारे प्रेम में बहुत कूड़ा-करकट है। अक्सर तो ऐसा

है, प्रेम तो नाममात्र को, कूड़ा-करकट ज्यादा है। तुम्हारे प्रेम में घृणा भी मिश्रित है। इसलिए तुम्हारा प्रेम क्षण में घृणा हो जाये; अभी प्रेम था अभी घृणा हो जाये। तुम जिस पत्नी के लिए जान देने को तैयार थे, उसी पत्नी की जान ले सकते हो क्षण भर में।

समझ लो कि क्षण-भर पहले तुम बिलकुल मरने को तैयार थे और पत्नी से कह रहे थे कि 'तेरे बिना मैं जी न सकूंगा। तू मर गयी तो मैं मर जाऊंगा! तू मेरा प्राण है!' और तुम उठे और अपने पुराने कागज-पत्रों को खोजते थे कि पुराना पत्र मिल गया, किसी के द्वारा पत्नी को लिखा हुआ। और उसमें झलक मिल गयी कि कुछ प्रेम का मामला है। भूल गये सब प्रेम-व्रेम, उठाकर बंदूक पत्नी को मार डालोगे। इसी के लिए मरते थे, इसी को मार डाला। प्रेम को घृणा बनने में देर कितनी लगी? एक जरा-सा पत्र, कुछ शब्द, कागज पर खिंची कुछ लकीरें—बस इतना काफी हो गया और गया प्रेम!

तुम्हारा प्रेम कितनी जल्दी ईर्ष्या बन जाता है! तुम्हारी पत्नी किसी से हंसकर बात करती थी, बस आग लग गयी। तुम्हारा प्रेम नाममात्र को ही प्रेम है। प्रेम के नाम पर भी तुम दूसरे पर मालकियत सिद्ध करने की कोशिश में लगे रहते हो। पति चाहता है कि पत्नी बिलकुल मेरे कब्जे में हो। सदियों से कोशिश कर रहा है, समझाता है कि पति परमात्मा है। पति ही समझा रहे हैं पत्नियों को कि पति परमात्मा है। अब यह मूढ़ता देखते हो?

मुल्ला नसरुद्दीन ने एक दिन बाजार में जाकर कहा कि मेरी स्त्री से ज्यादा सुंदर इस दुनिया में कोई भी स्त्री नहीं है। लोग थोड़े चौंके। लोगों ने कहाः तुमको यह बताया किसने? उसने कहाः मेरी स्त्री ने ही बताया।

अब इसका क्या मूल्य है? पति ही समझा रहे हैं! और चूंकि स्त्री शारीरिक रूप से कोमल है तो पतियों ने थोप दिया उसके ऊपर। डंडे के बल पर थोपी गयी है यह बात।

स्त्रियां पत्रों में लिखती हैं—आपकी दासी! बस पत्रों में ही लिखती हैं, लेकिन मजा चखाती रहती हैं चौबीस घंटा। और असलियत में मामला कुछ और ही है। क्योंकि स्त्रियां शारीरिक रूप से मल्लयुद्ध नहीं कर सकतीं पुरुष से, तो उन्होंने सूक्ष्म रास्ते खोजे युद्ध करने के। बड़े सूक्ष्म रास्ते! खोजने ही पड़े।

तुम देखते हो, आदमी ने बहुत से रास्ते खोजे हैं। तलवार खोजी, बंदूक

खोजी, बम खोजा, भाले खोजे, क्यों? वैज्ञानिक कहते हैं: क्योंकि आदमी के पास पशुओं जैसी शारीरिक शक्ति नहीं है। अगर सिंह तुम से सीधा जूझ जाये तो सब राजपूती रखी रह जायेगी। सिंह को तो छोड़ दो, जरा एक अल्सेशियन कुत्ता ही पीछे पड़ जाये तो सब भूल जायेगी, चौकड़ी भूल जायेगी। छठी का दूध याद दिला देगा।

आदमी तो असहाय है पशुओं के मुकाबले में। न तो वैसे नाखून हैं कि चीर-फाड़ कर दें, न वैसे दांत हैं कि कच्चा मांस चबा जायें, कि हड्डियां चरमरा दें। तो इस मजबूरी के कारण आदमी ने अस्त्र-शस्त्र खोजे हैं। वे परिपूरक हैं। पशुओं के पास नाखून हैं; हमने बड़े भाले खोजे हैं। हमने बड़ी छुरियां खोजी हैं, तलवारें खोजी हैं। फिर भी हम डरे रहे, क्योंकि तलवार लेकर भी शेर के सामने खड़े होओ तो कंपकंपी आयेगी। उस कंपकंपी में तलवार गिर जाये...।

मुल्ला नसरुद्दीन शिकार करने गया था। झाड़ पर बैठा है मचान बांध कर। और जब शेर आया तो होश खो गये। थे झाड़ पर, मगर होश खो गये। एकदम बेहोश हो गया। मित्रों ने बामुश्किल मचान से उतारा, पानी छिड़का, शराब पिलाई, तब कहीं थोड़ा-बहुत होश आया। पूछा कि नसरुद्दीन तुम इतने घबड़ा क्यों गए? अरे, तुम्हारे पास तो बंदूक थी।

उसने कहा: बंदूक क्या करेगी! घबड़ाहट पहले आयी। बंदूक तो हाथ से छूट गयी। जब बंदूक छूट गयी, तभी तो मैं बेहोश हुआ।

तो आदमी ने तीर खोजे, दूर से...। फिर बंदूक खोजी, गोली मार दें दूर से, पास जाने की नौबत ही न रहे। और इसको लोग शिकार करना कहते हैं, आखेट करने जाते हैं। बैठ जाते हैं झाड़ पर मचान बांधकर, वहां से गोली मार देते हैं एक निरीह निहत्थे जानवर को। शरम भी नहीं खाते और इसको कहते हैं—आखेट, शिकार का खेल! और कभी अगर शेर धर दबोचे तो इसको नहीं कहते कि शेर ने शिकार की।

आदमी कमजोर था तो उसने शस्त्र खोजे। ठीक वैसी ही हालत स्त्री और पुरुष के बीच घटी। पुरुष मजबूत है। ऊंचाई उसकी थोड़ी ज्यादा है। शरीर में उसके ज्यादा मसल हैं, मजबूत है, हड्डी उसकी मोटी है, स्त्रियों को सता सकता है। तो स्त्रियों को सूक्ष्म उपाय खोजने पड़े, ऐसे उपाय खोजे जिनसे पुरुष लड़ न सके। जैसे कि तुम घर आये कि स्त्री ने एकदम बाल फैला दिये और रोने लगी, अब

क्या करोगे? अब रोती स्त्री को मारो तो भी ठीक नहीं। उसका रोना उपाय है, सूक्ष्म उपाय है कि अब देखें क्या करते हो, अब झुकना पड़ेगा! अब चले आइसक्रीम खरीदने। कि कुछ लोग तो पहले से ही लेकर आते हैं आइसक्रीम, गुलदस्ता, फूल। पहले से ही इंतजाम करके आते हैं।

एक सम्राट ने घोषणा की, क्योंकि दरबारियों से उसने पूछा कि ऐसा भी कोई दरबारी है तुम में जो इस बात का उत्तर दे सके; मगर ईमानदारी से उत्तर देना। मैं चाहता हूं कि जो आदमी पत्नियों से डरते हैं एक तरफ खड़े हो जायें; और जो अपनी पत्नियों से नहीं डरते, वे दूसरी तरफ खड़े हो जायें। सारे दरबारी खड़े हो गये, सिर्फ एक आदमी को छोड़कर। और उस आदमी को तो सम्राट ने कभी सोचा ही नहीं था। वह तो बिलकुल सूखा, गया-बीता आदमी था, सबसे आखिरी था। वह एक तरफ खड़ा हो गया। सम्राट ने पूछा कि मुझे बहुत हैरानी होती है, मगर फिर भी कोई बात नहीं, कम-से-कम मेरे दरबार में एक आदमी तो है जो अपनी पत्नी से नहीं डरता।

उस आदमी ने कहा : क्षमा करिये, आप गलत समझ रहे हैं। असल में जब मैं घर से चलने लगा तो पत्नी ने कहा : देखो, भीड़-भाड़ में खड़े मत होना। सब लोग उस तरफ खड़े हैं। अगर मैं उस तरफ खड़ा होऊं और पत्नी को पता चल जाये, झंझट होगी, इसलिए इस तरफ खड़ा हूं।

तो सम्राट ने अपने एक आदमी को कहा कि अब हमें पता लगाना होगा कि पूरे राज्य की क्या हालत है? जब दरबार की यह हालत है, पूरे राज्य की क्या हालत है? तो उसने एक आदमी को भेजा कि तू जा और हर घर में पूछ राजधानी में कि कौन अपनी पत्नी से डरता है और कहना कि झूठ बोले तो बहुत सजा मिलेगी। सच बोले तो ठीक। और जब तुझे पक्का भरोसा हो जाये कि कोई आदमी ऐसा है जो अपनी पत्नी से नहीं डरता, तो वह सुंदर घोड़ा ले जा। एक सफेद काबुली घोड़ा—बहुत बहुमूल्य, कीमती, राज्य के दरबार में जो घोड़ा था—यह ले जा, यह उसको भेंट दे देना। यह मेरी तरफ से भेंट।

वह आदमी गया। उसने जिससे भी पूछा उसी ने कहा कि भाई, अब हम झूठ-सच में तो पड़ना नहीं चाहते, क्योंकि झंझट में कौन पड़े, सच बात यह है कि हम डरते हैं। मगर किसी से कहना मत भइया! राजा ने पूछा है तो सच ही कह देते हैं, हम डरते हैं।

थक गया वह वजीर खोजते-खोजते कि एक-आध आदमी भी न मिलेगा जो यह घोड़ा ले जा सके! मगर उसको भी बात सोच में तो आयी कि मैं खुद ही नहीं ले सकता यह घोड़ा, तो आदमी और क्या मिलेगा? और उसने सोचा कि खुद सम्राट भी नहीं ले सकता यह घोड़ा, क्योंकि सबको पता है वह खुद ही डरता है। कि असली राज्य तो रानी कर रही है, राजा तो बस उसके हाथ की कठपुतली है! रानी को राजी कर लो, बस राजा राजी हो जाता है। क्या एक भी आदमी न मिलेगा, क्या यह मनुष्य-जाति इतनी पतित हो गयी है? क्या एक भी पुरुष, पुरुष नहीं है।

आखिर उसने एक झोपड़े में जाकर एक आदमी देखा, जो बिलकुल मोहम्मद अली जैसा मालूम होता था। बड़े-बड़े मसल थे उसके, बड़े-बड़े पंजे थे। सात फीट ऊंचाई थी उसकी। और उसकी एक बिलकुल दुबली-पतली पत्नी। उसने कहा, यह आदमी है! उसने कहा: भाई तूने मार दिया हाथ, तू अपनी पत्नी से डरता तो नहीं? उसने अपने मसल दिखाये। उसने कहा: ये देखे!

उसने कहा: मसल तो ऐसे हैं कि मुझे डर लग रहा है देखकर।

उसने अपना पंजा खोलकर बताया और बंद करके बताया। उसने कहा कि जिसकी गर्दन पर कस जाये—खत्म! तो उसने कहा: भाई ठीक। तो राजा ने कहा है कि जो ऐसा आदमी मिल जाये उसे घोड़ा भेंट कर देना। दो घोड़े हैं राजा के पास एक काला और एक सफेद। दोनों श्रेष्ठ घोड़े हैं, एक कीमत के घोड़े हैं। तो तू सफेद घोड़ा चाहता है कि काला? तो उसने कहा कि लल्लू की मां, सफेद कि काला? तो लल्लू की मां ने कहा: काला। तो उस वजीर ने कहा: अब नहीं मिलता।

लल्लू की मां ने तय किया! वे मसल वगैरह, वह सब पंजा वगैरह सब पड़ा रह गया।

स्त्रियों ने कुछ सूक्ष्म उपाय खोजे हैं आदमी से लड़ने के। पुरुष को गुस्सा आ जाये, स्त्री को मारता है; स्त्री को गुस्सा आ जाये, खुद को पीटती है, खुद दीवाल से सिर मार लेती है। उसका उपाय बड़ा गांधीवादी है, अहिंसात्मक! बच्चे की पिटाई कर देती है, लल्लू पिट जाते हैं। लल्लू के बाप सोचने लगते हैं कि अब सार क्या है, बच्चा नाहक पिट रहा है, पहले ही चुप रहे होते तो अच्छा था।

तुम्हारा प्रेम सतत कलह है; उसमें स्त्री कोशिश कर रही है पुरुष पर हावी हो

जाने की, पुरुष कोशिश कर रहा है स्त्री पर हावी हो जाने की। इसलिए प्रेम की बगिया बस ही नहीं पाती। प्रेम को अग्नि से गुजरना ही होगा। और प्रेम जब शुद्ध होता है तो वही श्रद्धा बनता है।

इसलिए जब तुम सदगुरु के पास जाओगे तो वह तुम्हारे प्रेम की बहुत परीक्षाएं लेगा। और जैसा मैंने कहा इन्हीं परीक्षाओं में बहुत लोग भाग जायेंगे। इतनी परीक्षाएं देने की उनकी तैयारी न होगी। इतनी आग से गुजरने का साहस थोड़े ही लोगों में होता है। और जो अग्नि से नहीं गुजर सकते, वे निखर भी नहीं सकते, शुद्ध भी नहीं हो सकते। वे परमात्मा के पात्र भी नहीं हो सकते।

नहीं निर्दयी तुम, नहीं बेरहम तुम!
तुम्हारी हंसी, और मेरे रुदन को,
न जाने नियति आज क्यों तोलती है?

उधर झिलमिलाते हैं तारे गगन में,
इधर ओस के बिंदु भू पर बरसते;
उधर केलि करते विहरते हैं बादल;
इधर बूंद को भी हैं चातक तरसते;
तुम्हारा परस प्राप्त करने विकल-सी,
हवा कुंज में कांपती-डोलती है!
तुम्हारी हंसी, और मेरे रुदन को,
न जाने नियति आज क्यों तोलती है?
तिमिर-आवरण को जरा चीरकर तुम,
कभी मन-हरन निज झलक तो दिखाओ;
कुसुम की जो भीगी हुई पत्तियां हैं,
उन्हें अपने हाथों से पोंछो, सजाओ;
ये मोती के दाने तुम्हारे लिए हैं,
सदा जग की आंखें जिन्हें रोलती हैं!
तुम्हारी हंसी और मेरे रुदन को,
न जाने नियति आज क्यों तोलती है?

न जाने तुम्हारे श्रवण के पुटों तक,
पहुंच पायेगी कब दबी आह मेरी;
न जाने कि किस दिन तुम्हारे नगर तक,
मुझे प्राण! पहुंचायेगी राह मेरी;
नहीं निर्दयी, तुम नहीं बेरहम तुम,
क्षितिज पर से कोई किरण बोलती है!
तुम्हारी हंसी, और मेरे रुदन को,
न जाने नियति आज क्यों तोलती है?

भरोसा रखोगे, श्रद्धा से बढ़ते रहोगे, तो कोई किरण आकाश से कहती ही रहेगी कि घबड़ाओ मत, चले चलो। यह अनिवार्य है प्रक्रिया शुद्ध होने की, परिशुद्ध होने की।

नहीं निर्दयी तुम, नहीं बेरहम तुम!

परमात्मा न तो निर्दयी है और न बेरहम है। लेकिन प्रेम की अग्नि-परीक्षा लेनी ही होगी। क्योंकि अग्नि-परीक्षा से ही प्रेम श्रद्धा बनेगा।

प्रेम ऐसे है जैसे फूल और श्रद्धा ऐसे है जैसे फूल की सुवास। फूल में जो थोड़ी और मिट्टी थी, वह भी गयी; अब सुवास शुद्ध हो गयी। जैसे सुवास ऊपर की तरफ उठती है—आकाश की तरफ। जैसे धूप का धुआं आकाश की तरफ उठता है; फूल की सुवास आकाश की तरफ उठती है। फूल तो गिरेगा तो जमीन की तरफ गिरेगा, सुवास ऊपर की तरफ जाती है। धूप गिरेगी तो जमीन पर गिर जायेगी, लेकिन धूप का सुगंधित धुआं आकाश की तरफ जाता है।

प्रेम तो गिर जाता है जमीन की तरफ; श्रद्धा आकाश की तरफ उठती है। इसलिए हम कहते हैं: फलां आदमी प्रेम में गिर गया। सारी दुनिया की भाषाओं में—फालिंग इन लव। प्रेम में हम गिर जाते हैं जमीन की तरफ। प्रेम का प्रवाह अधोगामी है, नीचे की तरफ है। प्रेम ऐसे है जैसे जलधार, गड्ढे से और गड्ढे की तरफ जाता है जल, नीचे से नीचे, नीचे से नीचे...। श्रद्धा ऐसे है जैसे वाष्पीभूत हो गया है जल, उठने लगा ऊपर, घिरने लगे मेघ आकाश में। जैसे ही भाप पानी बनेगी, जमीन पर उतर आयेगी। और जैसे ही पानी भाप बनेगा, आकाश में उठ जायेगा।

प्रेम अग्नि से गुजरे तो भाप बनता है। जैसे पानी अग्नि से गुजरता है तो भाप

बन जाता है, ठीक ऐसे ही प्रेम की अग्नि-परीक्षा है।

आगाजे-मुहब्बत से अंजामे-मुहब्बत तक!
गुजरा है जो कुछ हम पर तुमने भी सुना होगा।

बहुत कुछ गुजरता है।

आगाजे-मुहब्बत से अंजामे-मुहब्बत तक!

प्रेम की शुरुआत से और प्रेम की पूर्णता तक बहुत कुछ गुजरता है।

आगाजे-मुहब्बत से अंजामे-मुहब्बत तक!
गुजरा है जो कुछ हम पर तुमने भी सुना होगा।

तो भक्तों की कथाएं पढ़ो, भक्तों की गाथाएं पढ़ो, तो तुम समझोगे—कैसी पीड़ा है, कितने आंसू, कितना रोना, कितना विरह है, कितनी आग...! लेकिन उन्हीं अंगारों में से चलकर कोई परमात्मा के मंदिर तक पहुंचता है। वह शर्त पूरी करनी ही होती है।

और ध्यान रखना, परमात्मा न तो निर्दयी है और न बेरहम है। सच तो यह है, उसकी अनुकंपा है जो तुम्हारी परीक्षा लेती है। और तुम्हारी जितनी कठोर परीक्षा ली जाये उतना ही खुश होना, धन्यवाद देना, क्योंकि तुम पर बहुत भरोसा किया जा रहा है।

सदगुरु उसी शिष्य की सर्वाधिक परीक्षा लेगा, जिस शिष्य से भरोसा है कि उसके भीतर से कुछ हो सकता है। जिससे भरोसा नहीं है, उसकी कोई परीक्षा नहीं ली जाती। इसलिए धन्यभागी हैं वे जिनके प्रेम की परीक्षा ली जाती है।

नहीं निर्दयी तुम, नहीं बेरहम तुम!
क्षितिज पर से कोई किरण बोलती है!
तुम्हारी हंसी और मेरे रुदन को
न जाने नियति आज क्यों तोलती है?

नियति को तौलना ही होगा। प्रेम के आंसू भी तौले जायेंगे, प्रेम की हंसी भी तौली जायेगी। प्रेम तौला जायेगा।

और हजार-हजार कठिनाइयां प्रेम के रास्ते पर हैं, हजार-हजार चट्टानें हैं; पर उन्हीं को चढ़ोगे, तो एक दिन हिमालय के शिखर पर पहुंच जाओगे, जीवन के शिखर पर—जहां शिखर चांद-तारों से बात करता है; जहां शिखर बादलों से गुफ्तगू करता है! उन्हीं शिखरों पर उपनिषद पैदा होते हैं। उन्हीं शिखरों पर गोरख

के ये शब्द पैदा हुए हैं, बुद्ध की वाणी पैदा हुई, वेद जन्मे, कुरान गाया गया—उन्हीं शिखरों पर! वे प्रेम के ही शिखर हैं। वे प्रेम के शुद्धतम रूप हैं। उनका नाम ही श्रद्धा है।

घबड़ाना मत, भयभीत न होना, बढ़े जाना।
तुम्हारे प्यार का वरदान ले करके रहूंगी ही!
अवज्ञा तुम करो मेरी, भुलाया कब तुम्हें उर से।
जलन का छोर ही पकड़ा सदा ही प्यास के डर से
दुखी हो बीन को छेड़ा करुण-सी रागिनी भर के
तुम्हारे राग का अभिमान बन करके रहूंगी ही!
तुम्हारे प्यार का वरदान ले करके रहूंगी ही!
अधर पर आ न पाई जो नयन को छोड़कर चल दी
लहर मंझधार में पड़कर किनारे तोड़कर चल दी
शलभ को क्या जलाएगी, तड़पकर लौ स्वयं जल दी
उसी अभिशाप का अवदान बन करके रहूंगी ही!
तुम्हारे प्यार का वरदान ले करके रहूंगी ही!
उमगकर फूल के मिस यों लता ने शूल को चूमा
कसकती याद कांटे-सी उधर हंस शूल भी झूमा
दुखों के शूल-उपवन में कहां सुख फूल-सा खिलता
उसी तव ज्ञान का अनुमान बन करके रहूंगी ही!
तुम्हारे प्यार का वरदान ले करके रहूंगी ही!
वियोगी की व्यथाओं में मिलन चुपचाप ही जलता
मुखर हो अश्रु के कण से सुखद वह आह में पलता
कसक बीते हुए युग की मिटाए से नहीं मिटती
उन्हीं मादक क्षणों का ध्यान बन करके रहूंगी ही!
तुम्हारे प्यार का वरदान ले करके रहूंगी ही!

आयें अग्नि-परीक्षाएं, आने दो। आयें चुनौतियां, आने दो। अंगीकार करना। उठें तूफान, स्वीकार करना। और एक बात अडिग भीतर गूंजती रहे :

उन्हीं मादक क्षणों का ध्यान बन करके रहूंगी ही!
तुम्हारे प्यार का वरदान ले करके रहूंगी ही!

चौथा प्रश्न : मैं शास्त्रीय संगीत का शौक रखता हूं। यह न तो मेरे पड़ोसियों को पसंद है, न मेरे पत्नी-बच्चों को, न परिवार के अन्य लोगों को ही। मैं क्या करूं ?

शास्त्रीय संगीत सभी की समझ में नहीं पड़ सकता। ऐसी अपेक्षा रखना भी गलत है। शास्त्रीय संगीत के लिए एक अलग तरह की संवेदनशीलता चाहिए, एक अलग तरह की ग्राहकता चाहिए। एक बड़ा ही कोमल, स्वरमंजा, छंदबद्ध हृदय चाहिए।

शास्त्रीय संगीत कोई फिल्मी संगीत नहीं है कि तुम जैसे हो वैसे ही रहते समझ में आ जाये।

शास्त्रीय संगीत तो एक साधना है। तुम जैसे हो वैसे ही समझ में नहीं आयेगा; तुम्हें अपने को रूपांतरित करना होगा। शास्त्रीय संगीत तो एक चुनौती है; वर्षों की श्रम और साधना से समझ पाओगे, सुन पाओगे। मुहल्ले के लोगों का कसूर नहीं है, न परिवार का कसूर है, न पत्नी का। तुमने बात ही झंझट की चुन ली है।

मैंने सुना है कि मुल्ला नसरुद्दीन ने अपने एक मित्र संगीतज्ञ को घर भोजन पर बुलाया और कहा कि साथ में तबलची को भी ले आना और अपना साज-सामान भी ले आना, क्योंकि भोजन इत्यादि के बाद महफिल जमेगी।

संगीतज्ञ मित्र जरा हैरान था, क्योंकि मुल्ला को कोई शास्त्रीय संगीत की समझ है, ऐसा उसे कभी सपने में भी आभास नहीं मिला था। मुल्ला ने कभी रुचि भी न दिखायी थी, आज अचानक शास्त्रीय संगीत पर प्रेम उमड़ आया है! तो आया, बड़ी तैयारी से आया। साज-सामान लाया, अपने सब संगी-साथी लाया। भोजन हुआ, शराब चली। बड़ी देर तक बातें चलती रहीं। संगीतज्ञ थोड़ा हैरान भी हुआ कि अब संगीत कब होगा! आधी रात होने लगी और मुल्ला है कि इधर-उधर की बातों में लगाये हुए है। उसने दो-चार दफे कहा भी कि भाई, संगीत...। मुल्ला ने कहा : ठहरो जी, ठीक समय पर होगा; हर चीज का समय होता है। जब आधी रात हो गयी और सब सन्नाटा हो गया और सारा मुहल्ला-पड़ोस सो गया और रास्ते पर राहगीर चलने बंद हो गये, मुल्ला ने कहा : अब आ गयी घड़ी, अब हो जाये, अब दिल खोलकर शास्त्रीय संगीत हो जाये।

संगीतज्ञ ने कहा : लेकिन अब मुहल्ले के लोग सो गये हैं, तुम्हारी पत्नी भी

सो गयी है, बच्चे भी सो गये, परिवार के लोग भी सो गये; अब शास्त्रीय संगीत झंझट होगी। उसने कहा : तुम बिलकुल फिक्र न करो। झंझट क्या होगी? उनके कुत्ते भौंकते रहते हैं, तब मैं कुछ नहीं बोलता; अपने पास तो कुत्ता है नहीं, इसलिए तो तुम्हें बुलाया है। हो जाये संगीत, दिल खोलकर हो जाये। लाज-संकोच मत करना। जो सीखा हो जिंदगी में...। आज लग जाये एक-एक को पता कि कुत्ता नहीं है तो क्या हुआ, शास्त्रीय संगीतज्ञ से दोस्ती तो है!

ऐसे-ऐसे लोग भी हैं! मुल्ला गया था एक संगीत की बैठक में और जब संगीतज्ञ आऽऽ...आऽऽ आऽऽ...आऽऽ...करने लगा तो मुल्ला रोने लगा, उसके आंसू टप-टप गिरने लगे। पड़ोस में बैठे आदमी ने कहा कि नसरुद्दीन, हमने कभी सोचा भी नहीं था कि तुम्हारा और शास्त्रीय संगीत से ऐसा लगाव! एकदम आंसू गिरने लगे...। उसने कहा : शास्त्रीय संगीत का सवाल नहीं है, ऐसे ही मेरा बकरा मरा था। यह आदमी मरेगा, ऐसे ही बकरा आऽऽऽ...आऽऽऽ...। तब हम भी समझे थे कि शास्त्रीय संगीत कर रहा है। सुबह मरा पाया गया।

तुमने जरा बात ही झंझट की चुन ली है।

फायर ब्रिगेडवालों ने पूछा
घर में आग लगने का
क्या कारण है?
घर के मालिक ने
मूंछों पर ताव देकर कहा—
यह हमारी
दीपक राग की
गायकी का
ज्वलंत उदाहरण है
उन्होंने प्रश्न किया—
यह सितार
क्यों टूटी पड़ी है निगोड़ी?
उत्तर मिला—
राग तोड़ी के तोड़े ने तोड़ी
इतने बिलौटे

यहां शोर
क्यों मचा रहे हैं ?
इसे आप शोर कहते हैं,
अजी,
ये राग बिलावल गा रहे हैं
वे इतने धीमे-धीमे
क्यों चल रहे हैं,
क्या बिचारे बहुत वृद्ध हैं ?
नहीं, उनकी चाल
विलंबित खयाल में निबद्ध है
जिज्ञासा हुई
कि गांव के लोग
अपने घर छोड़ कर
क्यों जा रहे हैं ?
पता चला—
गांव में
संगीत सम्मेलन के लिए
संगीतकार आ रहे हैं

अब तो एक ही उपाय है कि तुम सक्रिय ध्यान या कुंडलिनी ध्यान शुरू कर दो। तो तुम्हारे पड़ोस के लोग खुद ही कहेंगे : भइया, शास्त्रीय संगीत ही बेहतर है। तुम वही करो; यह तुम और कहां की झंझट ले आये!

अब तुम मुझसे पूछ रहे हो तो मैं तुमसे कहता हूं। और यह नुस्खा काम कर चुका है पहले भी, इसलिए तुम्हें देता हूं। तुम एकदम से हूं-हूं, हां-हां और एकदम सक्रिय ध्यान शुरू कर दो; न तुम्हारे पड़ोस के लोग हाथ जोड़कर कहें तुमसे कि भइया, शास्त्रीय संगीत ही बेहतर है...। और तो कोई उपाय सूझता नहीं है। तुमने बात ही झंझट की ले ली है।

यह कोई जमाना शास्त्रीय संगीत का है ? या तो मोहल्ला छोड़ दो, कहीं एकांत में चले जाओ। कहीं एकांत में बैठे रहो, वहां सीखो। और अगर छोड़ना ही हो तो मुहल्ला छोड़ देना, क्योंकि संगीत महत्वपूर्ण चीज है; उसके लिए कुछ दांव पर

लगाना पड़े तो लगा देना। परिवार भी छोड़ना पड़े तो छोड़ देना, मगर संगीत मत छोड़ना। क्योंकि संगीत, अगर तुम्हारा सच में रस है उसमें तो तुम्हारे लिए ध्यान बनेगा, समाधि बनेगी।

संगीत ध्यान का सुगमतम उपाय है। जो संगीत में डूब सकते हैं उन्हें डूबने के लिए और दूसरी चीज को खोजने की कोई आवश्यकता नहीं है। संगीत अदभुत मादकता है। संगीत परम सुरा है। उसमें डूबते-डूबते तुम्हारे विचार चले जायेंगे, तुम्हारा अहंकार चला जायेगा। संगीत को ध्यान समझो।

मगर दूसरों को सताओ भी मत। क्योंकि तुम्हारे ध्यान के लिए दूसरों की बलि दी जाये, यह भी उचित नहीं है। हट जाओ। और अगर पत्नी को तुमसे प्रेम है और बच्चों को तुमसे प्रेम है तो धीरे-धीरे तुम्हारे संगीत से भी प्रेम जन्मेगा, उनको धीरे-धीरे संगीत के पाठ पढ़ाओ। एकदम से नहीं, आहिस्ता-आहिस्ता संगीत की रुचि जगाओ। क्योंकि ऐसा मनुष्य तो खोजना बहुत कठिन है जिसके भीतर कहीं-न-कहीं संगीत के प्रति रस पड़ा न हो। क्योंकि संगीत का रस अनिवार्य है। इसलिए तो हमने परमात्मा को शब्द कहा है, स्वर कहा है, ओंकार कहा है; क्योंकि प्रत्येक व्यक्ति ध्वनि से निर्मित है। हमारे प्राणों के प्राण में ध्वनि गूंज रही है, अनाहत नाद गूंज रहा है, ओऽम का नाद हो रहा है। इसलिए ऐसा व्यक्ति तो खोजना कठिन है, बिलकुल कठिन है जिसके भीतर संगीत की कहीं-न-कहीं संभावना न पड़ी हो। मगर आहिस्ता-आहिस्ता जगाओ, धीरे-धीरे राजी करो। पर संगीत छोड़ मत देना।

संगीत में रस हो तो सब छोड़ा जा सकता है, संगीत नहीं छोड़ा जा सकता। अगर संगीत ही तुम्हारा संन्यास बने तो बन जाने देना। इतना साहस तो होना चाहिए। इतना दांव पर लगाने की हिम्मत तो होनी चाहिए। तभी जीवन में कुछ फलता है। तभी जीवन में कुछ उपलब्ध होता है। बाकी सब चीजें गौण हैं। तुम्हारी आत्मा की यही आवाज है अगर, तो इसी आवाज के साथ चलो।

इसीलिए मुझे हर चीज पर बोलना पड़ता है। संगीत पर भी बोलना पड़ेगा, हालांकि मैं कोई संगीतज्ञ नहीं हूं। न तो मुझे दीपक राग आता है, न राग तोड़ी, न राग बिलावल, न विलंबित, कुछ भी नहीं आता। लेकिन एक संगीत मैंने सुना है जो परम-संगीत है। जहां सब राग खो जाते हैं। मैंने एक संगीत सुना है जिसे नानक ने कहा है: एक ओंकार सतनाम। इसलिए संगीत पर भी बोलना होगा।

कोई संगीत-प्रेमी आ जायेगा तो मुझे उसके ही प्रेम से उसे परमात्मा की तरफ ले चलना होगा।

मैं तुम्हें तुम्हारे स्वभाव से च्युत नहीं करना चाहता। मैं तुम पर कुछ आरोपित नहीं करना चाहता। मैं तो चाहता हूं जो तुम्हारे भीतर सहज स्वाभाविक है, वही फूले, वही खिले।

आखिरी प्रश्नः मैं हर चीज से असंतुष्ट हूं। क्या पाऊं जिससे कि संतोष मिले?

जब तक पाने की भाषा में सोचोगे, तब तक संतोष न मिलेगा। पाने की भाषा से ही तो असंतोष पैदा हो रहा है। जब तक कहोगे क्या पाऊं, तब तक असंतुष्ट रहोगे। संतोष 'जो है' उसका उत्सव मनाने में है। असंतोष 'जो नहीं है' उसको पाने की वासना में है, तृष्णा में है। और बहुत है जो तुम्हारे पास नहीं है। अगर तुम उसको पाने चले जो नहीं है, तो तुम चलते ही रहोगे, चलते ही रहोगे, पूरा तो तुम कभी पा न पाओगे। संतुष्ट कभी न हो पाओगे। असंतोष ही तुम्हारे जीवन की कथा और व्यथा रहेगी।

नहीं; जो है, वह कम नहीं है। तुम्हें जीवन मिला है, इस जीवन के लिए धन्यवाद दिया परमात्मा को? और यह जीवन अगर तुम्हें खरीदने जाना पड़े तो तुम कितना मूल्य चुकाने को राजी न हो जाओ। ये आंखें दीं, ये जलते हुए दीये दिये! इन आंखों से तुमने इतना सौंदर्य देखा जगत का! सुबह का सूरज देखा, रात के तारे देखे। कभी परमात्मा को धन्यवाद दिया कि कैसी अदभुत आंखें तूने दीं, कैसा चमत्कार—आंख! मगर धन्यवाद नहीं दिया। कानों से कितना संगीत सुना, कभी झुके कृतज्ञता में? यह संवेदनशील हृदय दिया है, इसके लिए कभी दो आंसू गिराये उसके चरणों में—प्रार्थना के, पूजा के?

संतोष का अर्थ होता हैः जो है वह मेरी पात्रता से अभी ही ज्यादा है, मेरी योग्यता से अभी ही ज्यादा है। न मेरी योग्यता है, न मेरी पात्रता है, और परमात्मा बरसाता चला गया है—ऐसी जो प्रतीति है, उसका नाम संतोष है। और जिसके पास संतोष है उसे और मिलेगा।

जीसस का एक बहुत प्यारा वचन है जो मुझे बार-बार याद आता है—और अनूठा है, अद्वितीय है और बड़ा तर्कातीत! जीसस कहते हैंः जिसके पास है, उसे

और दिया जायेगा; और जिसके पास नहीं है, उससे वह भी छीन लिया जायेगा जो उसके पास है। बड़ा उल्टा वचन है। उलटबांसी है। यह कोई बात हुई? यह कोई न्याय हुआ कि जिसके पास है उसे और दिया जायेगा, और जिसके पास नहीं है उससे और छीन लिया जायेगा! यह तो बड़ा अन्याय मालूम होता है। लेकिन नहीं, यह अन्याय नहीं है; यह जीवन का परम नियम है। क्योंकि जिसके पास है उसकी ही क्षमता बढ़ती है और लेने की। वह और द्वार खोलता है, वह और आतुर हो जाता है। वह और उत्सुक हो जाता है, वह और अभीप्सु हो जाता है। और जिसके पास नहीं है वह और सिकुड़ जाता है। वह इतना सिकुड़ जाता है कि जो है वह भी उसके भीतर से निकल जाने के लिए आतुर हो जाता है।

तुम्हारे पास अगर संतोष है तो तुम्हें और-और वरदान मिलेंगे, रोज-रोज वरदान मिलेंगे। और तुम्हारे पास अगर संतोष नहीं, सिर्फ असंतोष और शिकायत और रोना और हमेशा दुख की कथा है तो तुम सिकुड़ जाओगे, संकुचित हो जाओगे। तुम्हारे भीतर जो है वह भी खो जायेगा।

तुम पूछते हो : मैं हर चीज से असंतुष्ट हूं।

स्वाभाविक है। सभी हैं। ऐसा ही मनुष्य है। ऐसा मनुष्य का मन है—हर चीज से असंतुष्ट!

अब इसे समझो। इसका अर्थ यह हुआ कि इतने दिन तुम असंतुष्ट रहे, इससे लाभ हुआ कुछ? असंतोष बढ़ता चला गया। आगे भी असंतुष्ट रहोगे। मौत आ जायेगी एक दिन और असंतुष्ट ही जीयोगे और असंतुष्ट ही मर जाओगे। अब दूसरी कला सीखो, उस कला का नाम ही संतोष है या संन्यास। पर्यायवाची हैं दोनों।

संन्यास का अर्थ है : संतोष। जो है, इतना भी बहुत है। इतना भी क्यों है, यह आश्चर्य होना चाहिए। जितना मिला है इतना मुझे क्यों मिला, मैंने अर्जित तो किया नहीं; मेरी कोई योग्यता नहीं, पात्रता नहीं। तूने दिया है, तेरी भेंट है! मैं धन्यवादी हूं! मैं कृतज्ञ हूं!

नाचो, बांध लो पैरों में घुंघरू, पड़ने दो थाप मृदंग पर! नाचो! अहोभाव में नाचो! और तब तुम पाओगे रोज-रोज और-और भेंटें आने लगीं। जितना तुम्हारा धन्यवाद गहरा होगा, उतनी ही परमात्मा की अनुकंपा तुम पर बरसने लगेगी। अभी अगर बूंदाबांदी हुई है तो फिर मूसलाधार वर्षा होगी आनंद की।

धरती का बिछौना, नीलांबर का ओढ़ना,
और चाहिए क्या? ओ बैरागी मन!
सूर्य शीश पर सोना-छत्र-सा लगे,
चंद्रमा पिन्हा जाये चांदी के हार,
ऊषा ज्योति कलश धरे अगवानी में,
संध्या कर जाये तारों से शृंगार
सूर्य-चंद्र का गहना, तारों का कंगना
और चाहिए क्या? ओ बड़भागी मन!
मधु ऋतु कोकिल के स्वर में गुन गाये,
ग्रीष्म की दुपहरी कर जाये अभिसार,
पावस में पपीहा रटे पिया-पिया,
शरद जुन्हैया बरसाये मीठा प्यार।
ऋतुओं का झूलना, समय का हिंडोलना,
और चाहिए क्या? ओ अनुरागी मन!
कोंपले हिलायें रेशम का रूमाल,
कलियां भर जायें जीवन में उल्लास,
फूलों से रंग झरे उड़े तरल गंध,
मन को लहराये केसर का वातास।
मधुवन का फूलना, दिगंतों का महकना,
और चाहिए क्या? ओ मधुरागी मन!
रंग-बिरंगे पंखोंवाली चिड़िया,
कानों में कह जाये भेद-भरी बात,
ताल कटोरे में फूलसुंघी उतरे,
कांप-कांप जायें जलकुंभी के पात।
चिड़िये का उड़ना, जलकुंभी का कांपना,
और चाहिए क्या, ओ रे बागी मन!
धरती का बिछौना, नीलांबर का ओढ़ना,
और चाहिए क्या? ओ बैरागी मन!

बड़भागी हो तुम! और चाहिए क्या?

सूर्य-चंद्र का गहना, तारों का कंगना,
और चाहिए क्या? ओ बड़भागी मन!

इतना मिला है, मगर अहंकार के कारण दिखाई नहीं पड़ता। अहंकार को जाने दो अब।

तुम पूछते हो : मैं क्या करूं?

अहंकार को मर जाने दो

मरौ हे जोगी मरौ, मरौ मरन है मीठा।
तिस मरणी मरौ, जिस मरणी मरि गोरष दीठा।।

आज इतना ही।

3

खोल मन के नयन देखो

दिनांक : 11 नवंबर, 1978; श्री रजनीश आश्रम, पूना.

कथनी कथै सो सिष बोलिये, वेद पढ़ै सो नाती।
रहणी रहै सो गुरु हमारा, हम रहता का साथी।।
रहता हमारे गुरु बोलिये, हम रहता का चेला।
मन मानै तो संगि फिरै, निहतर फिरै अकेला।।
अवधू ऐसा ग्यांन बिचारी, तामै झिलमिल जोति उजाली।
जहां जोग तहां रोग न ब्यापै, ऐसा परषि गुरु करनां।
तन मन सूं जे परचा नांही, तौ काहे कौ पचि मरनां।।
काल न मिट्या जंजाल न छूट्या, तप करि हूवा न सूरा।
कुल का नास करै मति कोई, जै गुरु मिला न पूरा।।
सप्त धात का काया पींजरा, ता महिं जुगति बिन सूवा।
सतगुरु मिलै तो ऊबरै बाबू, नहीं तो परलै हूवा।।
कंद्रप रूप काया का मंडण, अंबिरथा कांइ उलींचौ।
गोरष कहै सुणौ रे भौंदू, अरंड अंमीं कत सींचौ।।
चकमक ठरकै अगनि झरै त्यूं, दधि मथि घृत कर लीया।
आपा मांहीं आपा प्रगट्या, तब गुरु संदेसा दीया।।
दरपन मांहीं दरसन देष्या, नीर निरंतरि झांइ।
आपः मांहीं आपा प्रगट्या, लखै तो दूर न जाइ।।
गोरष बोलै सुणि रे अवधू पंचौ पसर निवारी।
अपणी आत्मा आप बिचारी, तब सोवौ पान पसारी।।

हाथ पकड़े आस्था का

चल रहा हूं!
कौन जाने,
पहुंच पाऊंगा
सरे मंजिल,
कि भटका ही करूंगा!
आज क्या है?
दुख-भरी लंबी कहानी
कल न जाने
क्या लिये
बैठा हुआ हो—
दर्द ही,
या चैन भी कुछ,
शांति भी कुछ,
अनवरत अनुराग का
प्रतिदान भी कुछ!
श्रमित तन कहता,
कि रुक जाओ,
तनिक विश्राम कर लो,
हरे हो लो!
किंतु—
ढलता जा रहा है दिन,

उतरती आ रही है रात,
मंजिल का पता
अब भी नहीं है!
चलो पग,
चलते चलो पग!

यात्रा लंबी है, यात्रा कठिन भी। अनंत-अनंत जन्मों के बाद भी पहुंचना हुआ नहीं है। निश्चित ही उलझाव है। और उलझाव कुछ ऐसा है कि बाहर होता तो शायद सुलझ भी जाता। उलझाव यात्री के भीतर है। रास्ता कितना ही लंबा होता, पार कर लिया जाता। लेकिन पैरों में ही कुछ भूल है। चलने में ही कुछ भूल है। पहले कदम से ही भ्रांति शुरू हो जाती है, तो फिर मंजिल कैसे मिले!

इस सत्य को खूब विचारना। यहां तुम नये नहीं हो; कोई भी नया नहीं। अनंत-अनंत जन्मों की यात्रा पीछे पड़ी है। पर अब तक पहुंचना नहीं हुआ है, अब तक भटकना ही हुआ है। और बात और भी उलझन की हो जाती है, क्योंकि जो जानते हैं वे कहते हैं कि चाहो तो अभी मिलन हो जाये, चाहो तो अभी मंजिल मिल जाये। जिन्होंने जाना उन्होंने कहा : जिसे तुम खोजते हो, तुम्हारे भीतर मौजूद है; जरा आंख फेरने की बात है। मगर आंख फिरती नहीं। भीतर कुछ सूझता नहीं। जो भी दिखाई पड़ता है, बाहर; और बाहर मिलन होता नहीं।

आदमी बाहर है और परमात्मा भीतर; इससे वियोग है। योग का एक ही अर्थ होता है : जहां परमात्मा है वहीं हम भी हो जायें। अपने घर लौट आओ तो योग हो जाये।

यात्रा कठिन और लंबी हो गयी है, क्योंकि तुम बाहर खोज रहे हो। और बाहर उसे खोया नहीं है। वह खोजनेवाले में बैठा है। तुम कहां जा रहे हो? तुम्हारा सब जाना व्यर्थ है। आओ, घर आओ; अपने पर लौट आओ। यह दौड़ की बात नहीं; रुक जाने की बात है; ठहर जाने की बात है; शांत, निश्चल हो जाने की बात है। और यह बात हो सकती है। हुई है, तो हो सकती है। एक मनुष्य को हुई है, तो सभी मनुष्यों को हो सकती है। बुद्ध को हुई, कृष्ण को हुई, कबीर को, गोरख को, तो तुम अपवाद नहीं हो। हड्डी-मांस-मज्जा से जैसे गोरख बने, कबीर बने, नानक बने, वैसे ही तुम भी बने हो। और जैसे तुम भटक रहे हो, वैसे ही कबीर भी भटके और गोरख भी भटके। जरा भी भेद नहीं है; भेद है तो अंतिम घड़ी में कि गोरख

पहुंच गये, तुम अभी नहीं पहुंचे।

कहावत है कि हर संत का अतीत है और हर पापी का भविष्य। गोरख का अतीत और तुम्हारा अतीत तो एक जैसा है। जरा-सा भेद है, कि गोरख का पैर ठीक मंजिल पर पड़ गया है। तुम्हारा भी पड़ सकता है। तुम भी उतने ही समर्थ हो।

आदमी हो?
तो उठो, कुछ कर दिखाओ!
क्यों विवशता?
बेबसी क्या चीज
श्रम के सामने?
जो श्रमिक है, वीर है,
वीरत्व का वरदान उसको,
जय-तिलक उसके लिए!
दुनिया उसी की,
बाहु-बल हो जिस किसी में,
शक्ति हो शृंगार जिसका,
हौसला हो साथ चलता,
पथ दिखाता, श्रम मिटाता,
पथ उसी का,
चल रहा जो
धीर गति से,
शांत मन से,
लक्ष्य पर आंखें जमाये!
आदमी हो?
तो उठो, कुछ काम आओ!
सामने लंबी डगर है,
पास में संबल नहीं है,
साथ में साथी नहीं है
क्या हुआ, तो क्या हुआ?

श्रम तुम्हारा
आप ही संबल बनेगा,
शक्ति अंतर की
तुम्हारा साथ देगी,
लक्ष्य की महिमा
तुम्हारा श्रम हरेगी,
वृक्ष पथ के
झूमकर पंखा झलेंगे,
वन-पखेरू
विहंसकर बातें करेंगे!
पथ तुम्हारा साथ देगा,
वन तुम्हारा साथ देगा,
साथ अपना दे सको,
तो सब तुम्हारा साथ देंगे!
आदमी हो?
तो उठो, कुछ कर दिखाओ!

सोये हो, इसलिए मंजिल नहीं मिलती; जागो तो मिल जाये; आंख खोलो तो मिल जाये। तुम जिसे आंख का खोलना कहते हो, वह आंख का खोलना नहीं है। बाहर आंख खुलती है तो भीतर आंख बंद हो जाती है। आंख एक तरफ ही खुल सकती है। तुम दो दिशाओं में एक साथ थोड़े ही चल सकोगे! दृष्टि की ऊर्जा भी दो दिशाओं में एक साथ नहीं बह सकती। बाहर से आंख बंद हो जाती है तो भीतर खुल जाती है। जिसे तुमने आंख का खुला हुआ होना समझा है, वही तुम्हारी आंख का बंद होना है। बाहर चलते हो तो भीतर नहीं चल पाते। बाहर की चाल ठहरे तो भीतर गति अपने से हो जाती है।

गोरख के जिन सूत्रों में हम आज प्रवेश करते हैं, वे सभी अंतर्यात्रा के सूत्र हैं।

मरौ हे जोगी मरौ, मरौ मरण है मीठा।
तिस मरणी मरौ, जिस मरणी गोरष मरि दीठा।।

गोरख कहते हैं: मर जाओ, बिलकुल मर जाओ। बाहर के प्रति बिलकुल मर जाओ। अन्य के प्रति बिलकुल मर जाओ। संसार के प्रति बिलकुल मर जाओ।

मरौ हे जोगी मरौ, मरौ मरण है मीठा।

कैसी अदभुत बात कहते हैं, कि मरो, मृत्यु बड़ी मीठी है! क्योंकि बाहर तुम मरे, कि भीतर का जीवन मिला!

तिस मरणी मरौ...।

एक खास मरण की बात कर रहे हैं। एक खास मरने की कला की बात कर रहे हैं।

तिस मरणी मरौ, जिस मरणी गोरष मरि दीठा।

गोरख कहते हैं: मैं भी मरा, बाहर के प्रति मरा। और फिर बड़ी मिठास उपलब्ध हुई, बड़ी मधुरिमा उतरी, बड़ा प्रसाद बरसा। मैं बाहर के प्रति मरा, तो भीतर के प्रति जागा और जीया। और वहां मैंने देखा, वहां दर्शन हुआ। जब तक वह दर्शन नहीं हुआ तब तक अंधा था।

हम आंख के अंधे हैं अगर स्वयं को न जान लें! और फिर आंखें न भी हों तो कोई फिक्र नहीं; जिसने स्वयं को जाना उसकी आंख खुल गयी, उसके अंतस-चक्षु खुल गये। और वही असली चक्षु हैं। जो स्वयं से ही परिचित नहीं है, उससे ज्यादा दयनीय, दीन और दरिद्र और कौन होगा? कैसे हो यात्रा शुरू, कहां से हो यह यात्रा शुरू?

कथनी कथै सो सिष बोलिये, वेद पढ़ै सो नाती।
रहणी रहै सो गुरु हमारा, हम रहता का साथी।।

यह यात्रा गुरु के मिलन से शुरू होगी। गुरु शब्द बड़ा प्यारा है। दो प्रतीक-शब्दों से बना है। 'गु' का अर्थ होता है: अंधकार। 'रु' का अर्थ होता है: प्रकाश। जो अंधकार से प्रकाश की तरफ ले चले—वह गुरु। 'तमसो मा ज्योतिर्गमय! अंधकार से प्रकाश की ओर ले चलो!' जब तुम्हें कोई व्यक्ति मिल जाये जिसने प्रकाश चखा हो; तुम्हें तो प्रकाश का कुछ पता नहीं, जिसने प्रकाश देखा हो—तो उसकी आंखों में तुम थोड़ी झलक उस प्रकाश की पाओगे जो उसने देखी है। जो हिमालय होकर लौटा हो, उसकी तरंग में तुम्हें हिमालय की थोड़ी-सी शांति का अनुभव होगा। जो अभी-अभी बगिया से भ्रमण करके आया हो, उसके वस्त्रों में भी फूलों की गंध थोड़ी अटकी-अटकी रह गयी होगी। जो अभी-अभी स्नान करके आया है, तुम उसके पास एक ताजगी अनुभव करोगे।

ठीक ऐसा ही, जिसने भीतर को देखा है, जागा है, जीया है, उसकी आंखों की

झलक, उसके व्यक्तित्व का भाव, उसके चेहरे की महिमा, उसकी मौजूदगी की तरंग बदल जाती है। तुम उसके पास बैठोगे तो प्रकाश की यात्रा शुरू हो जायेगी।

कथनी कथै सो सिष बोलिए!

लेकिन कैसे पहचानोगे? यहां बड़े पंडित हैं संसार में, उन्हें वेद कंठस्थ हैं। वे उपनिषदों पर टीकाएं करते हैं। उन्होंने गीता की मात्रा-मात्रा, शब्द-शब्द का विश्लेषण किया है। कुरान उनकी जबान पर है, कि बाइबिल पढ़ने की उन्हें जरूरत नहीं है, कंठस्थ है। बहुत पंडित हैं। पंडित की वाणी में जीवन नहीं होता। पंडित से गुरु का धोखा मत खा जाना। जो पंडित के चक्कर में पड़ गया, वह तो बुरी तरह भटकेगा। अंधा अंधा ठेलिया, दोनों कूप पड़ंत। वह तो ऐसा ही है जैसा कि अंधे आदमी ने किसी दूसरे अंधे आदमी को राह दिखायी, हाथ पकड़ा, मार्ग सुझाया। दोनों कुएं में गिरेंगे। इससे तो अंधा अकेला ही चलता तो शायद टटोल-टटोल कर चलता, सम्हल कर चलता, कुएं में गिरने से बच जाता। लेकिन अब तो अकड़ कर चलेगा, सोचेगा कि कोई तो मेरा हाथ पकड़े है; किसी आंख वाले का साथ है।

इस दुनिया में अगर पंडित विदा हो जायें तो इतना अधर्म न रहे जितना है, क्योंकि प्रत्येक व्यक्ति खुद ही सोच-समझ कर चलने लगे। अब कोई सहारा नहीं है। अब किसी आंखवाले का हाथ में हाथ नहीं है। तो अपनी ही लाठी टेको, टटोलो। इतनी भूल-चूकें न हों दुनिया में, इतना अधर्म न हो। लेकिन जब यह भरोसा होता है अंधे को कि कोई तो हाथ पकड़े है, फेंक देता है अपनी लकड़ी। वही उसकी आंख थी, वह भी फेंक बैठा! अब तो चल पड़ता है इस अंधे का हाथ पकड़ कर। और यह जो उसे ले चला है, नेतृत्व दे रहा है, अगर खुद भी अंधा है तो बड़े खतरे में है। और खतरा ऐसा है कि जो पीछे चल रहा है वह सोचता है कि मैंने आंख वाले का हाथ पकड़ा है। और जिसका हाथ पकड़ा है वह सोचता है जब इतने लोग मेरे पीछे चल रहे हैं, तो जरूर ही मैं आंख वाला होऊंगा; अन्यथा इतने लोग धोखा खा सकते थे?

जब तुम पर कोई भरोसा कर लेता है तो तुम्हें अपने पर भरोसा आ जाता है। तुम्हारा भरोसा, अपने पर भरोसा भी उधार होता है। चार लोग तुम्हें मानने लगते हैं कि तुम ज्ञानी हो तो तुम भी अपने को ज्ञानी मानने लगते हो। इतने लोग गलत थोड़े ही मानते होंगे, इतने अंधे थोड़े ही होंगे दुनिया में? तो मेरी भ्रांति ही थी कि मैं

सोचता था कि मुझे पता नहीं है; मुझे पता है, दूसरे लोग तक मानने लगे हैं। इस तरह बड़ी उपद्रव की बात हो गयी है। पीछे चलनेवाला सोचता है तुम्हारे शब्दों की बात, जिनमें कि वेदों का उच्चार है, तो सोचता है जानते होओगे। तुम सोचते हो कि पीछेवाला जब मेरा हाथ पकड़े है, तो जरूर मेरे पास आंख होगी; तुम भी लकड़ी फेंक देते हो। यह भयंकर स्थिति मनुष्य की है।

तो कसौटी देते हैं गोरख: कथनी कथै सो सिष बोलिये।

जिसे वेद कंठस्थ हों, जो सुंदर वचन दोहरा रहा हो, पुनरुक्त कर रहा हो, उसे शिष्य से ज्यादा मत समझना। अभी गुरु होना तो बहुत दूर है। अभी तो वह शिष्य स्वयं है। जिसके पास उधार ज्ञान हो वह तो अभी स्वयं ही विद्यार्थी है। अभी तो उसके पास अपना दीया नहीं जला। अभी तो उसने अपनी ज्योति नहीं पायी। अभी तो जो भी बोल रहा है, सब उद्धरण है, सब उधार है, उच्छिष्ट है।

कथनी कथै सो सिष बोलिए।

जैसे विद्यार्थी दोहरा देते हैं, जा कर परीक्षा में लिख आते हैं; कुछ भी उन्हें पता नहीं है कि क्या लिख रहे हैं। जो उनके शिक्षकों ने कहा है, वही लिख आते हैं। जैसा कहा है, वैसा ही लिख आते हैं। इसकी चिंता भी नहीं करते हैं कि ठीक भी है या गलत है।

मैं विद्यार्थी था। मेरे जो शिक्षक थे, उनका मुझसे अति प्रेम था। एम. ए. की अंतिम परीक्षा, उन्होंने मुझे कहा कि खयाल रखना, जो किताबों में लिखा है वही लिखना; रत्ती-भर इधर-उधर की बात मत करना। तुम्हें गलत भी मालूम पड़े, तो भी वही लिखना जो किताबों में लिखा है।

मुझे जानते थे कि मैं वही लिखूंगा जो मुझे ठीक लगता है। मैंने वही लिखा भी जो मुझे ठीक लगता है। मगर परीक्षा में जो लिखा गया था, वह तो उन्होंने किसी तरह सम्हाल लिया। फिर एक मुखाग्र परीक्षा भी थी अंतिम। उसमें तो उन्होंने मुझे बहुत समझाया, कि अब तो दूसरे विश्वविद्यालय के शिक्षक आ रहे हैं; अब मेरे हाथ में बात नहीं है। अब तो तुम ठीक वही कहना जो किताब में लिखा है, नहीं तो मैं भी कुछ सहायता नहीं कर सकूंगा।

वे शिक्षक आये; अलीगढ़ विश्वविद्यालय के दर्शनशास्त्र के प्रधान थे, बुजुर्ग थे। उन्होंने मुझसे पहला ही प्रश्न पूछा कि भारतीय दर्शन की क्या विशिष्टता है? मैंने उनसे कहा कि दर्शन भी भारतीय और अभारतीय हो सकता है? मेरे प्रोफेसर

मेरे पास ही बैठे थे, वे मेरी टांग में टांग मारने लगे कि तुम्हें जवाब देना है, तुम्हें सवाल नहीं पूछना है। जब मैंने उनकी टांग की कोई फिक्र न की तो वे मेरा कुर्ता खींचने लगे। तो मैंने अलीगढ़ से आये हुए प्रोफेसर को कहा कि मैं बहुत अड़चन में हूं; मैं आपका उत्तर दूं कि मेरे प्रोफेसर टांग में टांग मारते हैं, मेरा कुर्ता खींचते हैं, मैं इनकी फिक्र करूं? मेरे शिक्षक तो बहुत घबड़ा गये। उन्होंने कहा: यह भी कोई कहने की बात थी! मैंने कहा कि भारतीय दर्शन और गैर-भारतीय दर्शन, ऐसा भेद हो नहीं सकता; दर्शन तो दर्शन है। दर्शन का अर्थ है दृष्टि। तो फिर जीसस की हुई कि कृष्ण की, भेद क्या होगा? सफेद चमड़ीवाला देखे कि काली चमड़ीवाला देखे, भेद क्या होगा? चमड़ी से कुछ आंखों के रंग बदल जायेंगे, देखने के ढंग बदल जायेंगे? जिन्होंने पश्चिम में भी देखा है उन्होंने वही देखा है जो पूरब में देखा है। हेराक्लाइटस ने वही देखा जो बुद्ध ने देखा। पाइथागोरस ने वही देखा जो पार्श्वनाथ ने देखा; जरा भी भेद नहीं है। और जिन्होंने भिन्न-भिन्न देखा, वे सब अंधे हैं। आंखवालों ने एक ही देखा। तो मैंने उनसे पूछा: अगर दर्शनशास्त्र में आंखवालों की ही गिनती करो तो कभी भी, कहीं भी, किसी ने देखा हो तो एक ही बात देखी है। और अगर अंधों की भी गिनती करते हो, तब तो फिर हिसाब लगाना बहुत मुश्किल हो जायेगा। पर अंधों की गिनती दर्शनशास्त्र में होनी ही नहीं चाहिए, दर्शनशास्त्र में तो सिर्फ द्रष्टाओं की गिनती होनी चाहिए।

मेरे प्रोफेसर को तो पक्का हो गया कि यह परीक्षा गयी! मगर अलीगढ़ से आये उन बुजुर्ग को बात बहुत जमी। उन्होंने कहा: मैंने कभी सोचा ही नहीं था इस तरह कि यह भेद ठीक नहीं है। हमने तो मान ही लिया है कि भारतीय दर्शन, पाश्चात्य दर्शन...। तुम्हारा उत्तर किताब का तो नहीं है, मगर उत्तर सही है।

उन्होंने मुझे निन्यान्नबे अंक दिये सौ में से। मैंने पूछा: एक आपने कैसे काटा? कुछ गलती हो तो मुझे आप बता दें।

उन्होंने कहा: नहीं, तुम्हारी गलती के लिए नहीं काटा है, यह तो केवल अपनी रक्षा के लिए कि लोग सोचेंगे कि मैंने पक्षपात किया है, सौ के सौ दे दिये! सौ ही देने चाहिए। मुझे क्षमा करो, दिये नहीं जाते। सौ ही दिये जाने चाहिए, मगर दिये नहीं जाते नियम से। अगर मैं सौ के सौ दे दूं तो ऐसा लगेगा कि कुछ पक्षपात किया है, इसलिए निन्यान्नबे दे रहा हूं।

एक पंडित है, लकीर का फकीर है। जैसा किताब में लिखा है, तोते की तरह

दोहरा देता है। न सोचता, न विचार करता; न मनन है, न चिंतन है, न ध्यान है। वह विद्यार्थी है। विद्यार्थियों से सावधान रहना; उन्हें तो अभी स्वयं ही पता नहीं है।

कथनी कथै सो सिष बोलिए, वेद पढ़ै सो नाती।

और जो अभी वेद पढ़ ही रहा है, वह तो शिष्य से भी गया-बीता है। शिष्य को तो कहते हैं बेटा, गुरु का बेटा, पुत्र। और वेद पढ़ै सो नाती। वह तो बेटे का बेटा है। उसकी तो गिनती ही मत करना, अभी पढ़ ही रहा है। एक तो तोता बन गया है, एक अभी तोता बन ही रहा है। उसकी तो कोई गिनती ही मत करना।

रहणी रहै सो गुरु हमारा।

फिर कौन गुरु है? रहणी रहै सो गुरु हमारा। यह प्रश्न शास्त्रों का नहीं है, जीवन का है। जो परमात्मा को जी रहा हो, वही हमारा गुरु है। परमात्मा को जी रहा हो! फिर तो वेद, कुरान और बाइबिल से कोई संबंध न रहा। फिर तो फूलों से, वृक्षों से, चांद-तारों से कहीं ज्यादा संबंध हो गया। परमात्मा फैला है चारों तरफ। यह महोत्सव उसकी ही आनंद-लीला है। जो इस उत्सव में मग्न हो, जो इस उत्सव में लवलीन हो, जो जी रहा हो इस उत्सव को, जो परमात्मा से मिले जीवन को प्रसाद की तरह स्वीकार करके नृत्यमग्न हो, जो डूबा हो इस अहर्निश नाद में, यह जो ओंकार व्याप्त है, यह जो कण-कण अस्तित्व का नृत्यमग्न है, लीन है—ऐसा जो लीन हो, इसमें जो लीन हो; ऐसे जिसके जीवन के पास उत्सव की आभा हो; जिसके पास पहुंचकर नाचने का मन होने लगे; जिसके पास बैठकर झर-झर आनंद के आंसू बहें, हृदय गदगद हो—बस उसे ही!

रहणी रहै सो गुरु हमारा।

जिसके रहने में वेद हो; जिसके उठने-बैठने में गीता हो; जिसके खाने-पीने में पूजा हो, प्रार्थना हो, आराधना हो, अर्चना हो; जिसकी आंखों में, आंखों की झलक में कुरान हो—उसे गुरु मानना। यह बात शब्दों की नहीं है, शब्दों के दोहराने की नहीं; अस्तित्वगत हो।

जिनसे वेद पैदा हुआ था, उन्हें तो कुछ वेद पता नहीं था। उसके पहले तो वेद था ही नहीं। जिनसे वेद बहा, उन्हें तो वेद कंठस्थ नहीं था। कंठस्थ होता भी कैसे? उसके पहले तो वेद था ही नहीं। जिनसे वेद बहा, बिना वेद को जाने, वैसी ही घटना फिर क्यों नहीं हो सकती? फिर भी हो सकती है, क्योंकि परमात्मा पक्षपाती नहीं है। अगर वेद के ऋषियों से बह सका था और वेद की अपूर्व

ऋचाओं का जन्म हुआ था, तुम से भी बहेगा—द्वार दो, राह दो। मार्ग के पत्थर न बनो, अवरोध न बनो। हट जाओ, रिक्त कर दो स्थान। सिंहासन खाली करो, विराजेगा वह। तुम से भी ऋचा जन्मेगी। तुमसे भी ऋतंभरा बहेगी। तुमसे भी मंत्र पैदा होंगे। वही गाया था वेद के ऋषियों से। वही बोला कृष्ण से। वही गुनगुनाया मुहम्मद से। वही क्यों तुम्हारे साथ अन्याय करेगा? तुम्हारे साथ वही व्यवहार होगा जो सबके साथ हुआ है, सिर्फ तुम तैयारी दिखाओ।

रहणी रहै सो गुरु हमारा।

गोरख कहते हैं: हमने तो खोज लिया ऐसा एक आदमी, तुम भी खोज लेना। गोरख ने खोज लिया था मच्छिंद्रनाथ को।

रहणी रहै सो गुरु हमारा, हम रहता का साथी।

और अगर साथ ही जोड़ना हो तो बस उससे जोड़ना, जिसके अस्तित्व में, जिसके होने में प्रमाण हो परमात्मा का। जो स्वयं प्रमाण हो परमात्मा का। जिसे देखकर भरोसा आये कि ईश्वर है, कि ईश्वर होना ही चाहिए। जिसकी बांसुरी सुनो, तो ओंकार का नाद स्मरण आये। जिसका मौन सुनो, तो सारे अस्तित्व की शांति तुम पर बरस उठे। जिसके पास घड़ी-भर बैठ जाओ तो स्नान हो जाये। तुम ताजे होकर लौटो, नये होकर लौटो, युवा होकर लौटो। तुम्हारी धूल झड़ जाये। तुम्हारा दर्पण स्वच्छ हो जाये।

हम रहता का साथी!

जिसके कहने में और जिसके करने में भेद न हो। जिसके कथन में और जिसके जीवन में भेद न हो। जिसका कथन और जिसका जीवन एक ही रस से ओतप्रोत हो। जहां पाखंड न हो।

लेकिन मनुष्य को पाखंड की बहुत शिक्षा दी गयी है। तुम्हें कहा ही नहीं गया कि तुम अपनी निजता को स्वीकार करो। तुमसे कहा गया है कि तुम तो गलत हो। तुम्हें तो आदर्श दिये गये हैं, जिनके अनुसार तुम्हें चलना है। और स्वभावतः वे सारे आदर्श असंभव हैं। उन असंभव आदर्शों का एक ही परिणाम होता है कि तुम पाखंडी हो जाते हो। तुमसे कहा गया है: संसार छोड़ दो, त्यागी हो जाओ। यह आदर्श इतनी बार दोहराया गया है कि इसका एक ही परिणाम हुआ है कि जब तक तुम संसार में हो, तब तक तुम आत्मनिंदा से भरे रहोगे—कि तुम कुछ गलत कर रहे हो, तुम पाप कर रहे हो, तुम नरक जाने का आयोजन कर रहे हो!

और संसार को छोड़ोगे कैसे? संसार को परमात्मा ने भी छोड़ा नहीं है, तुम कैसे छोड़ोगे? तुम असंभव करना चाहते हो, जो परमात्मा ने नहीं किया वह करना चाहते हो? छोड़कर जाओगे कहां? जहां जाओगे वहीं संसार है। तुम सोचते हो हिमालय पर संसार नहीं, तो क्या है? यह सारा विस्तार उसी का है। चांद-तारों पर भी चले जाओगे तो भी तुम उसी के संसार में हो। और हिमालय पर भी भूख लगेगी और प्यास लगेगी। और हिमालय पर भी छाया की जरूरत होगी। जब धूप आयेगी और वर्षा होगी तो गुफा खोदोगे। चलो, थोड़ा आदिम किस्म का मकान होगा, मगर होगा तो मकान ही! खुद न कमाओगे तो भीख मांगोगे। अर्थ हुआ: कोई और कमायेगा, तुम उसकी कमाई खाओगे। भेद क्या पड़ा, अंतर कहां है? तुम कभी भी इस त्याग के आदर्श को पूरा न कर पाओगे।

परमात्मा ही त्यागी नहीं है, परमात्मा परम भोगी है; इस सारे अस्तित्व के भोग में लीन है। परमात्मा स्वयं त्यागी नहीं है, लेकिन तुम्हारे तथाकथित महात्माओं ने तुम्हें त्याग समझा दिया है। इस त्याग के कारण या तो तुम दीन हो जाते हो—एक परिणाम, कि तुम्हें लगता है मैं गर्हित, मैं निंदित, मैं पापी, मैं नारकीय; मुझसे त्याग नहीं होता! या, अगर तुम चालबाज हुए, चालाक हुए...यह तो सीधे-सादे आदमी की बात है कि वह समझेगा कि मैं निंदित हो गया। मैं अभी इस योग्य नहीं, मेरी आत्मा अभी इतनी ऊंची नहीं कि मैं त्याग कर सकूं। यह तो सीधे-सादे आदमी की बात है।...जो चालबाज है, चालाक है, होशियार है, वह तरकीब निकाल लेगा। वह त्याग का आवरण खड़ा कर लेगा। घर छोड़ देगा, आश्रम बना लेगा। लेकिन आश्रम घर का ही दूसरा ढंग है। बाल-बच्चे छोड़ देगा, शिष्य बना लेगा। लेकिन शिष्य बाल-बच्चे ही हैं। यह पाखंड शुरू हुआ। अब इसके कहने और रहने में बड़ा भेद हो जायेगा। यह कहेगा कुछ, रहेगा कुछ।

अगर तुम सच में ही वैसे रहना चाहते हो जैसे तुम जीते हो, तो तुम्हें एक बड़ी महत्वपूर्ण बात समझ लेनी पड़ेगी—तुम्हें आदर्शों से मुक्त हो जाना पड़ेगा। आदर्श या तो दीन बनाते हैं या पाखंडी। तुम्हें सरल होना पड़ेगा, सहज होना पड़ेगा। तुम्हें जीवन की प्राकृतिक गति के साथ बहना पड़ेगा। परमात्मा ने तुम्हें जन्म दिया है, स्वीकार करो। उसने तुम्हें संसार दिया है, अंगीकार करो। उसने जो दिया है उसे अस्वीकार करना, उसका अपमान है। तुम जहां हो, वहीं जीयो। छोड़ने-छाड़ने, भागने-भूगने की बातें छोड़ो। सरलता से, सहजता से...।

और खयाल रखो, वही कहो जो तुम जीते हो, उससे अन्यथा मत कहो। जो तुम हो, उसे वैसा ही प्रगट कर दो—नग्न; उसे छिपाओ मत। आदमियों से तो छिपा लोगे, परमात्मा से तो नहीं छिपेगा न। और जो उससे न छिपा, उसे छिपाने का फायदा भी क्या है? उसके सामने सब प्रगट है। तुम जैसे हो अपनी नग्नता में, अत्यंत नग्नता में, वैसे प्रगट होओ; वैसे ही तुम अपने को स्वीकार करो, अंगीकार करो। तत्क्षण दीनता भी चली जायेगी, और तत्क्षण पाखंड भी गिर जायेगा।

रहणी रहै सो गुरु हमारा, हम रहता का साथी।

गोरख कहते हैं कि बस हमने तो उसका साथ खोजा, जिसने धर्म को रहना जाना है।

रहता हमारे गुरु बोलिये, हम रहता का चेला।

चेला शब्द बड़ा प्यारा है। एक तो होता है विद्यार्थी, विद्यार्थी का अर्थ होता है : जो आया है ज्ञान सीखने। किसी भी तरह का ज्ञान—गणित हो, भूगोल हो, इतिहास हो, विज्ञान हो। किसी भी तरह का ज्ञान सीखने जो आया है, वह विद्यार्थी। सामान्य सीखने की जिसकी आकांक्षा है, वह विद्यार्थी।

शिष्य कहते हैं उसे, जो धर्म सीखने आया है। उसके सीखने की एक विशेष आकांक्षा है। गणित नहीं, भूगोल नहीं, रसायन नहीं, भौतिकी नहीं; धर्म सीखने आया है—वह शिष्य। मगर आया है सीखने ही। उसका सीखना विशिष्ट है, लेकिन है तो सीखना ही। गणित-शास्त्र नहीं सीखता, धर्मशास्त्र सीखता है। फिर चेला कौन है? चेला वह है जो सीखने ही नहीं आया, होने आया है।

अगर गुरु वह है जो हो गया है, तो चेला वह है जो होने आया है। अगर गुरु वह है जो परमात्मा को जी रहा है : परमात्मा को ही लेता है श्वास में भीतर और परमात्मा को ही छोड़ता है श्वास में बाहर। जिसकी हृदय की धड़कन-धड़कन परमात्मा से ही परिपूर्ण है। अगर गुरु वह है, तो चेला कौन? चेला वह है, जो ऐसा हो जाना चाहता है। जो अपने सब पाखंड को छोड़ने को राजी है--फिर चाहे कुछ भी कीमत हो; चाहे जीवन ही क्यों न खोना पड़े। सब दांव पर लगाने को तैयार है। आकांक्षा सिर्फ ज्ञान की नहीं है, जीवंत अनुभव की है। उसे कहते हैं चेला।

रहता हमारे गुरु बोलिये, हम रहता का चेला।

ज्योति तमहर फूट निकले,
दीप बालो, दीप बालो!
आस्था, आराधना के,
प्रेरणा के दीप बालो!
अल्पना रच दो, सजनि,
प्रांगण सुचित्रित मुस्कराए,
अल्पना के मध्य मंगल
घट सुशोभित हो सुहाए!
दीप घट पर बाल दो,
चिर-ज्योति का आह्वान कर लो,
व्याप्त, आगत तम-निवारण
का, सुमुखि, सामान कर लो!
ज्योति आकुल फूटने को
दीप बालो, दीप बालो!

चेला वह है जो दीया जलाने आया है। विद्यार्थी वह है जो ज्योति के संबंध में समझने आया है। चेला वह है जो ज्योति बनने आया है।

ज्योति तमहर फूट निकले,
दीप बालो, दीप बालो
आस्था, आराधना के
प्रेरणा के दीप बालो!

विद्यार्थी का काम परीक्षा पर पूरा हो जाता है। चेले का काम जीवन की अग्नि-परीक्षा है, जीवन से गुजर कर पूरा हो जाता है; तभी पूरा होता है। विद्यार्थी सूचनाएं इकट्ठी कर लेता है; स्मृति थोड़ी समृद्ध हो जाती है। चेला स्मृति के लिए चिंतित नहीं है, अनुभव के लिए आतुर है।

रहता हमारे गुरु बोलिये, हम रहता का चेला।
मन मानै तो संगि फिरै, निहतर फिरै अकेला।

गोरख सहजता के पक्षपाती हैं। सहज-योग उनका योग है। वे कहते हैं :

मन मानै तो संगि फिरै।

जब तक सहजता से अच्छा लगता है, तो गुरु के साथ-साथ घूमते हैं, उसका

रसपान करते हैं, उसका जीवन पीते हैं।

मन मानै तो संगि फिरै, निहतर फिरै अकेला।

और फिर कभी-कभी मन नहीं मानता तो फिर अकेले हो जाते हैं। फिर अकेले ही घूमने लगते हैं।

इस बात को समझना। गुरु के पास होना सामान्य घटना नहीं है। गुरु के पास होने का अर्थ है, उसे निरंतर पचाना भी होगा। फिर कभी-कभी ऐसा भी हो जायेगा कि सीमा के बाहर होने लगेगी वर्षा...और शिष्य को अकेले में चला जाना होगा। थोड़े दिन गुरु से अलग रहना होगा, ताकि जितना दिया है वह पच जाये, रक्त-मांस-मज्जा बन जाये। फिर जब लगेगी भूख, तो फिर लौट आयेगा शिष्य। ऐसा बहुत बार होगा। गुरु के पास तो निरंतर रहना तभी संभव हो पायेगा, जब पाचन की क्षमता बड़ी प्रगाढ़ हो जायेगी। वह भी हो जाता है धीरे-धीरे।

लेकिन गोरख यह कह रहे हैं: ध्यान रखना, जबर्दस्ती मत करना। क्योंकि सत्य भी दुष्पाच्य हो सकता है। लोभ मत करना, सुनना अपनी प्रकृति की। जब तक गुरु के साथ सहजता से, सरलता से, निर्बोझ हुए रहने का रस आता रहे, रहना; अन्यथा एकांत में चले जाना। फिर भूख जगेगी। जैसे कभी-कभी बहुत दिन भोजन के बाद कुछ दिन का उपवास सुंदर होता है, फिर से पाचन-शक्ति लौट आती है, फिर भूख जगती है, फिर भोजन में रस आता है। ऐसे ही कभी-कभी गुरु से दूर चले जाने में कुछ हर्ज नहीं है।

मन मानै तो संगि फिरै, निहतर फिरै अकेला।

अवधू ऐसा ग्यांन बिचारी, तामै झिलमिल जोति उजाली।

कहते हैं कि जब से यह बात समझ में आ गयी...।

...तामै झिलमिल जोति उजाली...।

तब से एक ज्योति झिलमिल होने लगी है भीतर। उतना ही ले लेते हैं जितनी अपनी आवश्यकता है, लोभ नहीं करते।

खयाल करना, बुरी ही चीजों का लोभ नहीं होता, व्यर्थ की चीजों का ही लोभ नहीं होता, सार्थक चीजों का भी लोभ हो जाता है।

मेरे पास आकर संन्यासी कहते हैं कि आप सुबह तो बोलते ही हैं, सांझ भी बोलें तो अच्छा हो। बोलता था सांझ भी कभी; सुबह, सांझ, दोपहर तीन बार बोलता था कभी। मगर वह उन दिनों की बात है जब मेरे पास विद्यार्थी थे। फिर

जैसे-जैसे शिष्य आने लगे, तीन बार बोलने की जगह दो बार बोलना शुरू कर दिया। अब चेले इकट्ठे हो गये हैं, अब एक ही बार बोलना काफी है। तुम्हें समय भी तो मिलना चाहिए कि तुम उसे पचा लो, तुम उसे आत्मसात कर लो। फिर कभी-कभी देखता हूं किसी संन्यासी को ज्यादा बोझ हुआ जा रहा है, तो उसे दूर भेज देता हूं, कोई भी बहाना लेकर दूर भेज देता हूं। उसे ऐसा ही लगता है कि किसी काम से भेज रहा हूं, लेकिन वास्तविक जरूरत यह होती है कि वह दूर थोड़े दिन रह आये तो हलका हो जाये। फिर योग्य हो जाये। फिर नया दान उसे दिया जा सके।

हे देवि, तुम्हारा दिव्य राग!
मूर्च्छना बिंदु से नाद सिंधु
रसगर्भ लहर के रूप ढले।
आकाश वायु परिरंभन में,
मधुगंध स्पर्श बन अंध मिले।
झरता निरवधि प्रीणन पराग!
हे देवि, तुम्हारा दिव्य राग!
रच लिये कलेवर सीमित कर,
इच्छा प्रतीक परमाणु बने।
बांधे सीमायें दिशा काल,
संसृतियों के नीहार घने।
सोये स्पंदन सब उठे जांग!
हे देवि, तुम्हारा दिव्य राग!

रहोगे गुरु के साथ, तो दिव्य राग जगेगा। प्राण झंकृत होंगे। जीवन नयी तरंगें लेगा, नयी करवटें लेगा। नये आयाम खुलेंगे। नयी ऊंचाइयां छुओगे। नयी गहराइयों में डुबकियां मारोगे। यह अति जल्दी में नहीं होना चाहिए। धीरे-धीरे, ताकि साथ-साथ पकते भी चलो।

अवधू ऐसा ग्यांन बिचारी, तामै झिलमिल जोति उजाली।
जहां जोग तहां रोग न ब्यापै, ऐसा परषि गुरु करनां।

रोग का अर्थ एक ही होता है : तृष्णा, वासना। रोग का अर्थ होता है : जो तुम्हें दौड़ाये रखे, भटकाये रखे, भरमाये रखे। रोग का अर्थ होता है : जो तुम्हें निश्चिंत

न होने दे, शांत न होने दे।

स्वस्थ शब्द का अर्थ समझ लो तो रोग का अर्थ समझ में आ जायेगा। स्वस्थ का अर्थ होता है स्वयं में स्थित हो जाना। यह शब्द बड़ा प्यारा है। स्वस्थ का अर्थ होता है स्वयं में ठहर जाना। जो चीज भी तुम्हें स्वयं से दूर ले जाये, वही रोग। जो तुम्हें स्वयं से भटकाये, अलग करे, तोड़े, अस्वस्थ करे—वही रोग। कौन करता है तुम्हें अपने से दूर? तुम्हारी वासना, तुम्हारी तृष्णा तुम्हें भविष्य में भटकाती है। तुम्हारी तृष्णा कहती है: कल, कल होगा धन, कल बनेगा भवन, कल मिलेगी सुंदर स्त्री कि सुंदर पुरुष, कि कल होगा एक बेटे का जन्म। कल सब ठीक हो जायेगा; आज थोड़ी ही देर की बात है, गुजार दो। आता है कल, लायेगा स्वर्ग। आता है कल, सब ठीक हो जायेगा। जरा-सी देर और कर लो प्रतीक्षा। थोड़ी और आशा को सम्हालो। बुझ मत जाने दो आशा का दीया—जलाये रखो, उकसाये रखो बाती को। डालते रहो थोड़ा तेल और। बस थोड़ी ही देर और, कल आता ही होगा।

और कल कभी आता नहीं, कल कभी आया नहीं। कल का कोई अस्तित्व ही नहीं है। फिर आयेगा आज और तब भी तुम यही करोगे कि कल बनेगा भवन, कल होगा उत्सव। ऐसे टालते रहोगे, टालते रहोगे और एक दिन आयेगी मौत...। कल कभी न आयेगा, एक दिन आयेगी मौत! कल तो न आयेगा, एक दिन आयेगा काल और उस काल के आते ही सब कल समाप्त हो जायेंगे। और आज तो तुम बरबाद ही करते रहे। यह है रोग की दशा।

रोग का अर्थ है: तना हुआ चित्त, खिंचा हुआ चित्त। नीरोग का अर्थ है: शांत, स्वस्थ, अभी, यहां। न कोई कल है बीता, न कोई कल है आनेवाला; आज सब कुछ है।

जीसस ने कहा अपने शिष्यों से: देखते हो खेत में खिले लिली के सफेद फूल, कितने गरीब और कितने धनी! गरीब लिली के फूल कहीं भी उग आते हैं। कोई बड़ी हिफाजत भी नहीं करनी पड़ती। और कितने समृद्ध कि सम्राट सोलोमन भी अपने स्वर्ण-आभूषणों से लदे हुए, हीरे-जवाहरातों से टंके हुए आभूषणों और वस्त्रों में भी इतना सुंदर नहीं था, इतना महिमावंत नहीं था, जितना ये लिली के सफेद फूल! देखते हो लिली के सफेद फूल! इनका रहस्य क्या है, जीसस ने पूछा शिष्यों से। शिष्य तो चौंके खड़े रह गये, क्या रहस्य बतायें, उनकी कुछ समझ में

न आया। और जीसस ने कहा : इनका रहस्य बड़ा छोटा है। ये कल की चिंता नहीं करते; ये बस अभी हैं, आज हैं। ये वर्तमान में जीते हैं। जो वर्तमान में जीता है, वह स्वस्थ। जो भविष्य में जीता है, वह अस्वस्थ।

जहां जोग तहां रोग न ब्यापै।

और योग का अर्थ होता है परमात्मा से मिलन। योग का अर्थ नहीं होता कि खड़े हैं सिर के बल। ये सब कवायदें हैं। योग का अर्थ नहीं होता कि बैठे हैं सांस रोक कर। योग का अर्थ नहीं होता कि बैठे हैं सांस रोक कर। योग का अर्थ नहीं होता कि उलटे-सीधे, शरीर को इरछा-तिरछा किये सता रहे हैं। योग का सीधा-सीधा अर्थ है—मिलन। योग यानी जुड़ना। परमात्मा से जो जुड़ गया वही योगी है। ये जिनको तुम योगी समझते हो, ये सब सरकसों में भर्ती करने योग्य हैं। इनका कोई भी मूल्य नहीं। अच्छा है, शरीर के स्वास्थ्य के लिए ठीक है, पर इससे कुछ परमात्मा के मिलने का लेना-देना नहीं है। परमात्मा से कौन मिलता है? जो स्वस्थ है। जो स्वयं में स्थित है। जो वर्तमान में आरूढ़ है। क्योंकि परमात्मा का द्वार वर्तमान है।

अतीत है नहीं अब, न हो चुका; भविष्य अभी आया नहीं, वह भी नहीं है। है क्या? यह क्षण! इस क्षण से ही तुम प्रवेश करो तो परमात्मा में पहुंच सकते हो। क्योंकि यही क्षण वास्तविक है, अस्तित्ववान है। और परमात्मा है महा अस्तित्व। इसी क्षण के द्वार से सरको और परमात्मा में पहुंच जाओगे।

ध्यान की सारी प्रक्रियाएं इसी क्षण में उतर जाने की प्रक्रियाएं हैं। जब चित्त में कोई विचार नहीं होता, तो स्वभावतः समय मिट जाता है। क्योंकि विचार या तो अतीत के होते हैं या भविष्य के होते हैं। वर्तमान का तो विचार कभी होता ही नहीं। तुम करना भी चाहो तो न कर सकोगे; बैठ कर कोशिश करना। वर्तमान का कोई विचार संभव नहीं है; वह असंभावना है। तुम जब भी विचार करोगे तो अतीत का होगा। यह भी हो सकता है कि सामने गुलाब का फूल खिला है और जैसे ही तुमने कहा, 'अहा, कितना सुंदर फूल!' यह अतीत हो गया। यह तुम्हारी जो प्रतीति हुई थी सौंदर्य की, उसकी स्मृति है अब। यह अतीत हो गया, यह अब वर्तमान न रहा। तुम बोले कि अतीत में गये, या भविष्य में गये। विचार उठा, कि अतीत या भविष्य। तुम डोल गये दायें या बायें, मध्य खो गया। मध्य तो निर्विचार में होता है।

ध्यान का अर्थ होता है : चुप, मौन, कोई विचार नहीं उठता, कोई विचार की तरंग नहीं उठती, झील शांत है... । यह शांत झील वर्तमान से जोड़ देती है। और जो वर्तमान से जुड़ा, वही योगी है। ध्यानी योगी है। और जो वर्तमान से जुड़ गया, वह परमात्मा से जुड़ गया; क्योंकि वर्तमान परमात्मा का द्वार है।

कैसे खोजोगे गुरु को? इस तरह खोजना :

अवधू ऐसा ग्यांन बिचारी, तामै झिलमिल जोति उजाली।

जिसमें तुम्हें ज्योति का दर्शन हो।

जहां जोग तहां रोग न ब्यापै।

जहां तुम्हें लगे कि परमात्मा से मिलन हो गया इसका। जहां तुम्हें कोई तृष्णा, वासना, भविष्य न दिखाई पड़े।

ऐसा परषि गुरु करनां।

ऐसा परख लेना, फिर झुक जाना चरणों में। फिर उठना ही मत।

ऐसा परषि गुरु करनां।

गरजते घन,
कौंधती विद्युत,
पवन का हास
हाहाकार-सा,
मन-प्राण आकुल, भीत!
क्या विध्वस्त
हो कर ही रहेगा नीड़,
जिसके सजग
तृण-तृण में समाहित
स्नेह की उपलब्धियां,
श्रम रागमय,
परिकल्पनाएं, स्वप्न
रसमय, मदिर, मादक
आज के,
कल के,
अजाने काल के?

पर सत्य
क्या भय ?
वज्र जो
नभ से गिरे,
वह नीड़ ही
खोजे हमारा ?
और यह
आसन्न झंझावात
क्या अपने लिये ही ?
हर विकट
तूफान क्या उठता
हमें संत्रस्त करने के लिए ही ?
कौन जाने ?
किंतु मन
ऐसा, कि जो
संभाव्य,
सब लगता
उसे अपने लिये ही !
मोह, अतिशय मोह,
जो शंकित सदा,
संत्रस्त
अपनी सजगता से,
हानि-क्षति की
कल्पना से !
किंतु ऐसा
मोह क्या,
जो ब्याधि बन,
अविरत सताये ?
उठो, झंझावत !

तुम में ही
अभय अब
खोजना है!

झंझावत उठते हैं। लेकिन सब झंझावात अतीत के हैं या भविष्य के हैं। भविष्य और अतीत के मोह ही व्याधियां बन जाते हैं।

उठो झंझावत!
तुम में ही
अभय अब
खोजना है!

चिंता न करना मन के विचारों की, मन के तूफानों की। कहना, उठो! आने दो विचारों के तूफान। तुम सजग होकर देखना उन तूफानों को! उठने देना विचारों की आंधियां। तुम साक्षी बन कर देखना उन आंधियों को। और उसी साक्षी होने में तुम उस मध्य-बिंदु को पा जाओगे, जो सदा ही सभी झंझावातों के पार है; जहां तक कोई झंझावात न कभी पहुंचा न पहुंच सकेगा। उस मध्य-बिंदु पर व्याधियां मिट जाती हैं, रोग मिट जाते हैं। उसी मध्य-बिंदु पर...तामै झिलमिल जोति उजाली...ज्योति का दर्शन होता है—ऐसी ज्योति का जो जलानी नहीं पड़ती। बिन बाती बिन तेल! जो सदा से जल ही रही है। मगर तुम इतने उलझ गये बाहर-बाहर, कि भूल ही गये अपने घर का द्वार।

जहां जोग तहां रोग न ब्यापै, ऐसा परषि गुरु करनां।
तन मन सूं जे परचा नांही, तौ काहे कौ पचि मरनां।।

शास्त्रों को जाननेवालों के चक्कर में मत पड़ जाना; क्योंकि न तो उन्हें अपने तन का परिचय है, न अपने मन का परिचय है। उनकी बातों में पड़ोगे तो व्यर्थ पच-पच मरोगे।

तौ काहे कौ पचि मरनां।

वे तुम्हें जो बतायेंगे, उन्होंने स्वयं भी जाना नहीं है।

ऐसे बहुत लोग हैं इस देश में, जो दूसरों को ध्यान करा रहे हैं। उन्हें स्वयं ध्यान हुआ नहीं है। मेरे पास आते हैं तो पूछते हैं ध्यान कैसे करें? मैं चकित होता हूं। मैं उनसे कहता हूं: आप तो दूसरों को ध्यान करा रहे हैं! वे कहते हैं: हां, दूसरों को करा देता हूं। शास्त्र तो उपलब्ध हैं, तो पढ़ लेता हूं। विधियां भी सब

शास्त्र में लिखी हैं, तो बता देता हूं। इसमें कुछ बुराई तो नहीं है? दूसरों का हित ही होता है।

हित नहीं हो सकता। तुमने स्वयं न जाना हो ध्यान, तो तुम जो भी बताओगे उससे अहित होगा। अपने अनुभव से अन्यथा कुछ भी बताओगे तो तुम खतरा दूसरे के लिए पैदा कर रहे हो। ध्यान कोई ऐसी बात नहीं कि किताब से पढ़ ली और बता दी। चूकें हो जायेंगी; ऐसी चूकें हो जायेंगी कि लोग जीवन-भर चेष्टा करते रहेंगे, तो भी ध्यान उपलब्ध न होगा। और चूंकि तुम दूसरों को बताने चले हो ध्यान, तुम धीरे-धीरे यह बताना बंद ही कर दोगे कि मुझे ध्यान नहीं आता। कैसे बताओगे यह कि मुझे ध्यान नहीं आता, किस मुंह से बताओगे कि मुझे ध्यान नहीं आता? शर्म भी तो कुछ खाओगे! ऐसे बहुत लोग हैं जो ध्यान पर किताबें लिखते हैं और जिन्हें ध्यान का कोई पता नहीं! उनकी किताबें पढ़कर लोग ध्यान करते हैं। सावधान रहना, जिनका अपने मन से परिचय नहीं, अपने तन से परिचय नहीं, जिन्होंने अपने भीतर झांका नहीं, उनसे सावधान रहना!

तन मन सूं जे परचा नांही, तौ काहे कौ पचि मरनां!
काल न मिट्या जंजाल न छूट्या, तप करि हूवा न सूरा।
कुल का नास करै मति कोई, जै गुरु मिला न पूरा।।

ध्यान रखना, जब तक पूर्ण गुरु न मिल जाये, तब तक कुछ भी न हो सकेगा।

काल न मिट्या जंजाल न छूट्या...।

न तो मौत से मुक्ति होगी, न समय मिटेगा, न वासना और तृष्णा का जंजाल मिटेगा।

तप करि हूवा न सूरा।

और लाख तुम तप करते रहो, तपश्चर्या करते रहो—धूप में, सर्दी में खड़े रहो, नग्न रहो, उपवास करो, व्रत करो; कितनी ही बहादुरी दिखाओ और कितना ही अपने को सताओ, कुछ भी न होगा।

कुल का नास करै मति कोई, जै गुरु मिला न पूरा।

और फिर-फिर तुम्हें आना पड़ेगा, कुल का नाश न होगा। फिर-फिर लौटोगे। वापिस नये-नये जन्म होंगे। फिर गर्भ, फिर वही दौड़, फिर वही अज्ञान, फिर वही जंजाल...। यह छूटता ही तब है,

जै गुरु मिला न पूरा।

तब तक नहीं जब तक गुरु न मिल जाये। और कौन है पूरा गुरु?

रहता हमारे गुरु बोलिये, हम रहता का चेला!

कहीं कोई व्यक्ति मिल जाये, जिसके जीवन में तुम्हें अज्ञात की गंध का एहसास हो। जिसकी मौजूदगी में तुम्हें अनाहत का नाद अनुभव में आये। जिसके पास बैठकर हृदय मौन होने लगे, शांत होने लगे, ध्यान अपने से फलित होने लगे। तो फिर डुबकी मार लेना। फिर आगा-पीछा न करना। फिर सोच-विचार में मत उलझना। फिर क्षण-भर भी न गंवाना।

सप्त धात का काया पींजरा, ता महिं जुगति बिन सूवा।

अभी तो तुम सात धातुओं से बने हुए पींजड़े में बंद तोते की तरह हो। सात धातुएं हैं—रस, रक्त, मांस, मेद, अस्थि, मज्जा, वीर्य।

सप्त धात का काया पींजरा, ता महिं जुगति बिन सूवा।

और तुम बंद हो तोते की तरह और तोता बिलकुल अज्ञानी है। उसे जुगति भी पता नहीं कि कैसे बंद हो गया, कहां द्वार है? कैसे निकल जाये, कैसे उड़ जाये? आकांक्षा है उड़ने की। खुला आकाश दिखाई पड़ता है। और उड़ते हुए तोते भी दिखाई पड़ते होंगे। उड़ते हुए तोतों को देखकर उसके प्राणों में भी पीड़ा उठती होगी। मगर उसे कुछ पता नहीं कैसे बंद हो गया। कैसे निकले, यह भी पता नहीं। और जरूरी भी नहीं है कि वह कोई तपश्चर्या करे तो निकल जाये। क्या तुम सोचते हो तोता तपश्चर्या करे पींजड़े में तो निकल सकेगा? कि व्रत-उपवास करे, कि उल्टा लटका रहे, शीर्षासन करे...। इस सब से क्या होगा, यह सब तो पींजड़े के भीतर ही हो रहा है। इससे द्वार नहीं खुल जायेंगे। कोई जो बाहर है, जो बाहर है, वही द्वार खोल सकता है।

गुरजिएफ अपने शिष्यों को कहता था: अगर कारागृह से छुटकारा पाना हो, तो सबसे पहला काम यह है, कारागृह के बाहर किसी से नाता जोड़ो। कोई दोस्ती बनाओ कारागृह के बाहर। तो शायद कोई रस्सी फेंक सके दीवाल से, कि औजार फेंक सके कि तुम सींकचे काट सको, कि बाहर से दीवाल में सेंध लगा सके, कि पहरेदारों को रिश्वत दे सके, कि पहरेदारों को शराब पिला सके, कि एक रात वे मूर्च्छित हों और तुम निकल भागो...। बाहर दोस्ती करो।

कारागृह के भीतर से निकलना हो तो बाहर से सूत्र जोड़ना पड़ेगा। थोड़ा-सा भी सूत्र बाहर से जुड़ जाये, तो कारागृह से निकलना आसान है, अन्यथा असंभव

है।

गुरु का इतना ही अर्थ है—जो जंजाल के बाहर हो गया है। उससे थोड़े संबंध जोड़ने से तुम भी जंजाल के बाहर हो सकते हो।

काल न मिट्या जंजाल न छूट्या, तष करि हूवा न सूरा।
कुल का नास करै मति कोई, जै गुरु मिला न पूरा।।

पूरे गुरु से अर्थ है जो पूरा-पूरा जेल के बाहर हो गया है, कारागृह के बाहर हो गया है। और पहचानने में कठिनाई न होगी। तुम पहचानना ही न चाहो तो बात दूसरी है, अन्यथा पहचानने में कभी कठिनाई न होगी। तुम्हारा अंतरतम तत्क्षण गवाही दे देगा कि आ गयी जगह। हां, अगर तुमने न पहचानने की जिद्द कर रखी हो, तो दूसरी बात है। लेकिन न पहचानने की जिद्द में तुम्हारी हानि है, किसी और की हानि नहीं है।

जब तुम किसी को गुरु स्वीकार करते हो तो भूल कर भी यह मत सोचना कि गुरु पर तुमने कोई अनुग्रह किया है। गुरु को तुम्हारी या तुम्हारे अनुग्रह की कोई भी आवश्यकता नहीं है। जिसकी कोई वासना नहीं है, उसकी क्या आवश्यकता हो सकती है? तुम रहो शिष्य कि न रहो शिष्य, कुछ भेद नहीं पड़ता। लाभ है तो तुम्हारा, हानि है तो तुम्हारी। मगर लोग बहुत अदभुत हैं, उन्होंने लाख बाधाएं खड़ी कर रखी हैं। उन्होंने पहले से ही अपेक्षाएं बना रखी हैं। पूर्व-धारणाएं निश्चित कर ली हैं। उन पूर्व-धारणाओं के अनुसार वे जांच-परख करते हैं।

गोरख सीधा सूत्र दे रहे हैं। वे कह रहे हैं: जांच-परख बौद्धिक धारणाओं से नहीं हो सकती, जांच-परख तो केवल हार्दिक हो सकती है। हृदय की तरंग ही एकमात्र गवाही दे सकती है। गुरु के साथ संबंध तो ऐसा है जैसे प्रेम में पड़ना। प्रेम में पड़े हो कभी? फिर बुद्धि काम नहीं आती। बुद्धि का कोई संबंध भी नहीं है। हृदय उमंग से भर जाता है, हृदय उत्साह से भर जाता है। हृदय 'हां' कह देता है, बुद्धि से पूछता ही नहीं। जिसने बुद्धि से पूछा, वह तो शायद कभी प्रेम कर भी न पायेगा। क्योंकि बुद्धि को तो प्रेम की भाषा ही समझ में नहीं आती। बुद्धि के गणित में प्रेम नहीं समाता। बुद्धि धन के संबंध में सोचती है, पद के संबंध में सोचती है, प्रतिष्ठा के संबंध में सोचती है। लेकिन प्रेम, प्रेम बुद्धि का क्षेत्र नहीं है।

सप्त धात का काया पींजरा, ता महिं जुगति बिन सूवा।

तुम बंद हो सात धातुओं के पींजड़े में, युक्ति तुम्हें पता नहीं।

सतगुरु मिलै तो ऊबरै बाबू।

और हे बाबू, जब तक सतगुरु न मिल जाये, तुम उबर न सकोगे।

सतगुरु मिलै तो ऊबरै बाबू, नहीं तो परलै हूवा।

फिर बिना सतगुरु के तो तुम प्रतीक्षा करते रहो, तो प्रलय तक प्रतीक्षा होगी!

सुनते हो यह प्यारा वचन:

सतगुरु मिलै तो ऊबरै बाबू!

उबर सकते हो, एक ही उपाय है—कारागृह के बाहर किसी से दोस्ती बन जाये। कोई तुम्हारा हाथ पकड़ ले कारागृह के बाहर है जो। तो फिर उपाय हो सकते हैं। कभी-कभी छोटे-से उपाय, बड़ी छोटी युक्ति...।

मैंने सुना है, एक सम्राट अपने वजीर पर नाराज हो गया। उसने उसे एक मीनार पर कैद करवा दिया। मीनार इतनी ऊंची कि अगर भागने की कोशिश करे, तो मौत हो जाये। गिरे उससे तो मर ही जाये। कूद सकता नहीं...। बड़ी मुश्किल, बड़ी कठिनाई, क्या करे क्या न करे? उसकी पत्नी एक फकीर के पास गयी। उसने फकीर से कहा: अब हमारी कुछ समझ में नहीं आता, आप ही कुछ कहो। आप तो बड़ी कारागृह से निकल आये हो! यह तो छोटी-मोटी कारागृह है। जरूर आप कोई उपाय बता सकोगे। हमने तो सुना है कि गुरु संसार के कारागृह से निकाल लेता है, तो मेरे पति तो एक छोटी-सी मीनार पर बंद हैं।

उस फकीर ने कहा कि रास्ता है। तू जाकर जंगल से शृंगी नाम के एक कीड़े को पकड़ ला। उसने कहा: शृंगी नाम के कीड़े को! उसका क्या करेंगे? फकीर ने कहा: तू पहले कीड़ा ला। ज्यादा बातचीत में समय खराब मत कर। समय ज्यादा पास में भी नहीं है। तेरा पति कहीं बचने की कोशिश में कूदने की झंझट न कर ले, अन्यथा समाप्त हो जायेगा। तू शृंगी नाम का कीड़ा पकड़ ला।

उसने कहा: मगर शृंगी नाम के कीड़े को पकड़ लाने से मेरे पति के छूटने का क्या नाता? उस फकीर ने कहा: अगर बौद्धिक विचार करना हो तो तू जान।

कोई और उपाय न था, तो बुद्धि तो गवाही नहीं देती थी—यह शृंगी नाम का कीड़ा...इसका क्या होगा? मगर ले आयी। फकीर नहीं मानता, और कोई उपाय है भी नहीं। तो ले आयी, बुद्धि के विपरीत ले आयी। उस फकीर ने कहा कि इस शृंगी को ले जा। इसको दीवार पर छोड़ देना; इसकी मूंछ पर दो बूंद शहद की रख

देना।

उस वजीर की पत्नी ने कहा कि आप होश में हैं या पागल हैं? और मुझको भी पागल बना रहे हैं! अब शृंगी नाम के कीड़े की मूंछ पर शहद की बूंद रखने से क्या होगा? उसने कहा: यह तू बात ही मत कर। और इसकी पूंछ में एक पतला धागा बांध देना और बस राह देखना।

किया। परिणाम आये। शृंगी कीड़ा की मूंछ पर लगी हुई शहद, शहद का प्रेमी...शहद की बास आ रही बिलकुल नाक के पास; चला कि बिलकुल पास ही कहीं शहद है। चल पड़ा। मूंछ पर रखी शहद मिल तो सकती नहीं—ऐसी ही शायद सब की मूंछों पर रखी है—पास बिलकुल, अभी मिली, अभी पहुंचे-पहुंचे। चल पड़ा गरीब कीड़ा। बास आती ही गयी और आती ही गयी और कीड़ा चलता ही गया और चलता ही गया। वह ठीक मूंछ पर रखी थी तो नाक की सीध में चलता चला गया, कोई उपाय भी नहीं था यहां-वहां जाने का। बास बिलकुल साफ आ रही थी कि इसी दिशा में शहद है। और उसकी पूंछ में बंधा हुआ पतला धागा भी उसके साथ शिखर पर चढ़ने लगा।

जब शृंगी कीड़ा ऊपर पहुंचा, वजीर तो आतुर होकर प्रतीक्षा करता ही था कि कोई उपाय करे, कोई उपाय करे; शायद पत्नी कुछ करे, मित्र कुछ करें। तो राह देख ही रहा था, जागा हुआ बैठा था। देखा एक कीड़े को आते। थोड़ा चौंका, इतनी लंबी मीनार कीड़ा चढ़ आया! फिर देखा मूंछ पर रखी दो बूंदें शहद की, तो और भी चौंका। फिर देखा कि कीड़े की पूंछ में बंधा हुआ धागा। फिर सूत्र खुल गया। धागे में सूत्र था। धागा पकड़ लिया, धागा खींचता चला गया।

फकीर ने कहा था, फिर धागे में थोड़ी-सी रस्सी बांध देना। फिर रस्सी में मोटी रस्सी बांध देना, फिर उसमें और मोटी रस्सी बांध देना; फिर मामला हल हो जायेगा। सुबह होते-होते वजीर मोटी रस्सी को पा गया, मोटी रस्सी से उतर गया; जीवन बच गया।

युक्ति का अर्थ होता है: कोई विधि। लेकिन विधि तो बाहर से ही काम में लायी जा सकती है, भीतर से काम में नहीं लायी जा सकती। और जो भीतर बंद है जनम-जनम से, जिसने बाहर जाना ही नहीं है, उसकी तो और भी कठिनाई है। यह वजीर तो जानता था कि बाहर क्या है। लेकिन तुम्हें तो बाहर का कोई पता ही नहीं है। तुमने तो पींजड़े में रहने को ही अपना जीवन का सार-सर्वस्व समझ लिया

है।

कुल का नास करै मति कोई, जै गुरु मिला न पूरा।

इसलिए गुरु खोजे बिना कोई उपाय नहीं है।

सतगुरु मिलै तो ऊबरै बाबू, नहीं तो परलै हूवा।

बजती देव, तुम्हारी वीणा!
दिवस निशा के कोण फिसलते,
खिंचे किरण के तार चमकते,
युग मीड़ों औ' कल्प मूर्च्छना से कल्पित अंबर यह झीना।
बजती देव, तुम्हारी वीणा!
संवृति में अवरोह तिरोहित,
लिये विवृति आरोह विमोहित,
संचारी आभोग भुक्त अविमुक्त कोण घातित स्वन हीना
बजती देव, तुम्हारी वीणा!
निस्तरंग आलोक सिंधु के,
छवि अभंग में नाद बिंदु के,
एक चिरंतन स्पंद छिपाये कोटि-कोटि रागिणि लयलीना।
बजती देव, तुम्हारी वीणा!

जैसे ही सदगुरु से संबंध हो जाये, उसकी वीणा बजने लगती है—बाहर ही नहीं, तुम्हारे भीतर भी। वह तो बाहर ही वीणा बजाता है, लेकिन उसकी बाहर की वीणा के तार तुम्हारे भीतर की सोई वीणा के तारों को झंकृत कर देते हैं, हिला देते हैं। वह तो बाहर से पुकारता है, लेकिन जल्दी ही पुकार भीतर सुनाई पड़ने लगती है—समानांतर।

सदगुरु का काम क्या है? इतना ही कि तुम्हारे भीतर जो तुम्हारा चैतन्य सोया पड़ा है उसे जगा दे। यह तो कोई जागा हुआ आदमी ही कर सकता है। सोये आदमी को जगाना हो तो जागा हुआ आदमी ही जगा सकता है; वही उसे हिलायेगा-डुलायेगा, ठंडा पानी लेकर उसकी आंखों पर छिड़केगा। मगर बाहर का जागा हुआ आदमी उपाय करे तो तुम्हारी भीतर की चेतना को भी जाग्रत कर सकता है। ठीक ऐसी ही घटना घटती है सदगुरु के सत्संग में।

सतगुरु मिलै तो ऊबरै बाबू, नहीं तो परलै हूवा।

कंद्रप रूप काया का मंडण, अंबिरथा कांइ उलींचौ।
गोरष कहै सुणौ रे भौंदू, अरंड अंमीं कत सींचौ।

यह शरीर तो कामवासना से बना है। यह शरीर तो वासना का पुतला है। इस शरीर के भीतर तुम्हें कोई पहचान करवा दे उसकी जो इस शरीर के पार है, तो ही द्वार मिले, तो ही राह मिले।

कंद्रप रूप काया का मंडण, अंबिरथा कांइ उलींचौ।

यह तो कामवासना से ही निर्मित है पूरी देह, यह मन भी वासना से ही निर्मित है। अगर इसी के काम में उलझे रहे, तो यह तुम व्यर्थ के काम में लगे हो। यह तो ऐसा है जैसे कि फूटी नाव में से कोई पानी उलीचता हो। ऊपर से पानी उलीचते जाते हो, नीचे से पानी चला आता है। व्यर्थ ही उलीच रहे हो। पहले नाव के छिद्र बंद करो।

गोरष कहै सुणौ रे भौंदू!

गोरख कहते हैं: तुम्हारी हालत बड़ी बुद्धओं की है।

सुणौ रे भौंदू...अरंड अंमीं कत सींचौ।

तुम अरंडी के वृक्ष को, व्यर्थ का वृक्ष जो घूरे पर उग आता है, अरंड का वृक्ष—जिसके लिए न माली की जरूरत है न पानी की जरूरत है, जो कहीं भी कूड़ा-कबाड़ इकट्ठा हो जाये तो उग आता है—अरंड के वृक्ष को तुम जीवन के अमृत से सींच रहे हो! व्यर्थ की वासनाओं को...कोई आदमी धन इकट्ठा करने में लगा है, दीवाना हो कर लगा है। धन ही बस सब कुछ है।

मैंने सुना है एक भिखारी सैकड़ों मील चलकर दूर मरुस्थल से जयपुर पहुंचा। जाकर एक बड़े मारवाड़ी धनिक के चरणों में पगड़ी रखी और कहा: मेरी बेटी जवान हो गयी, उसका विवाह करना है। और मैंने आपकी बड़ी प्रशंसा सुनी है, आपके दान की बड़ी प्रशंसा सुनी है। आप जैसा कोई दानवीर है ही नहीं इस समय देश में। आप अपूर्व दान-दाता हो! इसी आशा में, इसी भरोसे सैकड़ों मील की पैदल यात्रा करके आया हूं।

मालूम है, मारवाड़ी ने क्या कहा? कहा: बिलकुल ठीक किया जो आ गये। अब क्या इसी रास्ते से वापिस भी जाओगे? उसने कहा: हां मालिक, इसी रास्ते से वापिस भी जाऊंगा। तो उसने कहा: एक काम करते जाना, जाते समय लोगों से कहते जाना कि वह अफवाह झूठी है। मेरे संबंध में जो दाता होने का खयाल

है, वह बात गलत है। जाते वक्त लोगों से यह कहते जाना।

एक पैसा भी छोड़ना मुश्किल है। एक-एक पैसे को लोग पकड़कर बैठे हैं!

एक सिपाही एक मारवाड़ी और सिंधी को पकड़ कर ले गया थाने में। और उसने कहा जा कर थानेदार को कि इन दोनों ने खूब शराब पी रखी है। पर दोनों ने कहा कि यह बात झूठ है, हमने शराब नहीं पी है। तो थानेदार ने पूछा सिपाही को कि क्या तेरे पास कारण हैं, किस कारण तू कहता है इन्होंने शराब पी है? उसने कहा कि निश्चित शराब पी है, क्योंकि मारवाड़ी सौ-सौ रुपये के नोट फेंक रहा था निकाल कर खीसे से और सिंधी उठा-उठा कर इसको वापिस दे रहा था, कि भाई, यह रुपया तेरा रख। इन दोनों ने शराब पी रखी है, नहीं तो ऐसी असंभव घटना कहीं घट सकती है! एक तो मारवाड़ी निकाल-निकाल फेंके और फिर सिंधी वापिस दे!

कुछ हैं जो धन ही इकट्ठा करने में लगे हैं। कुछ हैं जो पद की ही दौड़ में लगे हैं। जीवन का यह बहुमूल्य अमृत तुम अरंड के वृक्षों पर सींच रहे हो!

सतगुरु मिलै तो ऊबरै बाबू, नहीं तो परलै हूवा।

नहीं तो प्रलय तक तुम यही करते रहोगे।

कंद्रप रूप काया का मंडण, अंबरिथा कांइ उलींचौ।

ये व्यर्थ की कामवासनाओं की जो भीड़ तुम्हारे भीतर है, इसी में उलझे रहोगे?

गोरष कहै सुणौ रे भौंदू, अरंड अंमीं कत सींचौ।।

और कब तक पागलो, व्यर्थ के घास-फूस को जीवन के महा-मूल्यवान अमृत से सींचते रहोगे!

चकमक ठरकै अगनि झरै त्यूं, दधि मथि घृत कर लीया।

जैसे चकमक पत्थर को रगड़ने से आग पैदा हो जाती है, ऐसे ही जरा भीतर रगड़ को जगाओ, युक्ति सीखो और तुम्हारे भीतर भी ज्योति जल उठे!

चकमक ठरकै अगनि झरै त्यूं, ... दधि मथि घृत कर लीया।

और जैसे दही को मथ कर...तुम दूध से दही बनाते, दही को मथ कर तुम घी बना लेते, ऐसे ही थोड़े-से मंथन की जरूरत है कि तुम्हारे भीतर जीवन का सार, तुम्हारे भीतर जीवन की परम उपलब्धि फलित हो जाये। तुम्हारे भीतर स्वर्ण-फूल खिले।

आपा मांहीं आपा प्रगट्या, तब गुरु संदेसा दीया।

और तुम्हारे भीतर ही छिपा है जिसे तुम खोजने चले हो।

आपा मांहीं आपा प्रगट्या।

वहीं प्रगट हो जायेगी आत्मा, वहीं परमात्मा।

तब गुरु संदेसा दीया।

और जब तुम्हारे भीतर प्रगट हो जायेगी आत्मा तभी गुरु कहेगा, जो कहने योग्य है। उसके पहले तो सिर्फ जगा रहा है। उसके पहले तो पुकार रहा है कि उठो भौंदू! उसके पहले तो सिर्फ चिल्ला रहा है कि जग जाओ! कहने योग्य बात तो तभी कही जायेगी जब तुम जाग जाओगे। सोए हुए आदमी से क्या कोई खास बात कही जा सकती है, क्या कहा जा सकता है? पहले तो उसे जगाना होगा।

तो गुरु जो बोलता है उसमें दो तरह की बातें हैं। निन्यान्नबे प्रतिशत तो जगाने के सूत्र हैं, एक प्रतिशत सिर्फ वे बातें हैं जो जागे हुओं को कही गयी हैं। और वे एक प्रतिशत बातें शब्दों से नहीं कही जातीं, वे तो चुपचाप मौन में ही कह दी जाती हैं। जगाने के लिए तो खूब शोरगुल करना पड़ता है। लेकिन एक बार कोई जग गया तो उसकी आंख में देख लेना ही काफी है। उसका हाथ हाथ में ले लेना काफी है। उसको पास बिठा लेना काफी है। फिर तो चुप्पी में ही संवाद हो जाता है। यही उपनिषद शब्द का अर्थ है।

उपनिषद का अर्थ होता है : गुरु के पास बैठ कर जो मिला, सिर्फ पास बैठकर जो मिला। कहा नहीं गया, बोला नहीं गया, बस पास बैठ कर जो मिला।

आपा मांहीं आपा प्रगट्या, तब गुरु संदेसा दीया।

खोल मन के नयन देखो

मैं तुम्हारे साथ ही हूं।
आस्था हूं,
साधना हूं,
अर्चना,
आराधना हूं,
खोल मन के द्वार देखो,
मैं तुम्हारी आत्मा हूं!
अनल हूं मैं
अनिल हूं मैं,

व्योम हूं,
जल-स्त्रोत हूं मैं
श्वास हूं
उच्छवास हूं मैं,
प्राण बन
तुम में निहित हूं!
रम रहा
तुम में अहर्निश,
मैं कहां
तुम से अलग हूं?
वेदना की चोट से
तुम
जब व्यथित हो
क्षुब्ध होते,
सांत्वना की रागिनी
मन में तुम्हारे
छेड़ता हूं!
अंश तुम हो,
सर्व मैं हूं,
भ्रांति-पट
है बीच में,
उस ओर तुम,
इस ओर मैं हूं!
गहन अंतर में तुम्हारे
जल रहा जो
धीर गति से,
मैं वही हूं दीप,
उसकी ज्योति भी मैं हूं!
खोल मन के नयन देखो

मैं तुम्हारे साथ ही हूं!

जिस दिन जाग जाता है शिष्य, गुरु बिन बोले बोल जाता है, संदेशा दे जाता है।

दरपन मांहीं दरसन देष्या, नीर निरंतरि झांइ।
आपा मांहीं आपा प्रगट्या, लखै तो दूर न जाइ।।

गुरु तो एक दर्पण है।

दरपन मांहीं दरसन देष्या...।

गुरु के दर्पण में तुमने जो देखा, वह तुम्हीं हो।

दरपन मांहीं दरसन देष्या, नीर निरंतरि झांइ।

जैसे कोई जल में अपनी ही छाया देख लेता है। गुरु तुम्हें कुछ और देने को भी नहीं है, सिर्फ तुम्हीं को दिखा देना है तुम्हें।

दरपन मांहीं दरसन देष्या, नीर निरंतरि झांइ।
आपा मांहीं आपा प्रगट्या, लखै तो दूर न जाइ।।

और जब एक दफे यह समझ में आ गयी बात कि मैं कौन हूं; गुरु के दर्पण में देखकर पहचान ली यह बात कि मैं कौन हूं—फिर तो गुरु के दर्पण की भी कोई जरूरत नहीं। फिर तो आंख बंद करके भी तुम देख पाओगे कि तुम कौन हो। फिर तो दूर नहीं जाना है। लखै तो दूर न जाइ।

गोरष बोलै सुणि रे अवधू, पंचौ पसर निवारी।

अगर एक बार गुरु के दर्पण में तुम्हारी झलक तुम्हें मिल गयी तो, पांचों इंद्रियों का जो पसारा था उसका निवारण हो गया।

अपणी आत्मा आप बिचारी, तब सोवौ पान पसारी।।

और जिसकी अपने से पहचान हो गयी, अब कुछ करने को न बचा। अब फैला लो पैर...पसार कर पैर सो जाओ! अब विश्राम की घड़ी आ गयी। अब विराम का क्षण आ गया। यही मोक्ष है, यही निर्वाण है।

संचय कर लो सखि किंचित रस,
क्यों रिक्त रहे मन की गागर,
अवसाद विगत का दूर करो,
कुछ रिक्त नहीं रस का सागर!
अमराई में कोयल कूकी,

बगिया में फूल खिले हंस-हंस,
गुन-गुन करते उन्मत्त भ्रमर,
सुमनों के मृदु रस में फंस-फंस!
परिव्याप्त चतुर्दिक अति मोहक
सुषमा नैसर्गिक ज्योतिर्मय,
छाया मधु-ऋतु का जादू-सा,
जीवनमय, रसमय, सौरभमय!
खोलो अंतर-पट रस भर लो,
क्यों रिक्त रहे मन की गागर!

जिन्होंने जाना है, यही पुकार-पुकार कर कहते रहे हैं:

संचय कर लो सखि किंचित रस,
क्यों रिक्त रहे मन की गागर,
अवसाद विगत का दूर करो,
कुछ रिक्त नहीं रस का सागर!

धनी हो तुम और निर्धन बने बैठे हो! सम्राट हो तुम और भिखारी बने बैठे हो! गुरु के दर्पण में थोड़ी अपनी परछाईं देख लो। थोड़ी अपने से पहचान करो। फिर जीवन रूपांतरित हो जाता है। फिर नहीं भटकन रह जाती, नहीं विषाद, नहीं संताप, नहीं आपा-धापी।

लो, कूक उठी मन की वंशी,
विहंसी वन-श्री अंतर्तम की!
खिल-खिल झूमीं कुसुमावलियां,
झूमीं कुसुमित हो वल्लरियां
मानस उपवन की सुंदरियां
गातीं सत की विरदावलियां!
मदमत्त बयारें झूम उठीं,
तरु-शाखाएं झुक झूम उठीं,
पिक, शुक, मैनायें कूक उठीं,
कुंजों में कोकिल कूक उठीं!
किस कर का मृदु स्पर्श हुआ,

जागी, कूकी मन की वंशी!
तम की अति विकट निशा बीती,
रज की मोहक तंद्रा टूटी,
सत ने जग कर अंगड़ाई ली,
जीवन को नई दिशा दे दी!
नव ज्योति जगी मन-मंदिर में,
अंतर्तम के हर कोने में,
तम की छायाएं सिमट गईं,
आलोक-पुंज के गह्वर में!
आलोक-वृष्टि हर ओर हुई,
जागी, कूकी मन की वंशी!

एक है मनुष्य--अंधकार में डूबा हुआ, विषाद के गह्वर में पड़ा हुआ। एक है मनुष्य, अमावस ही जिसका अनुभव है। और एक है ऐसा मनुष्य भी, जो पूर्णिमा को पहचान लेता है और पूर्णिमा जिसकी सदा के लिए हो जाती है। और अमावस में भटके मनुष्य में और पूर्णिमा को पा गये मनुष्य में कोई स्वभावगत भेद नहीं है, जरा-सा भेद है, किंचित-सा। अमावस में जो भटका है, उसने आंख नहीं खोली अपने स्वभाव के प्रति। और जिसके जीवन में पूर्णिमा का चांद उगा है, उसने आंख खोल ली है अपने स्वभाव के प्रति।

तुम बुद्ध हो, कृष्ण हो, महावीर हो, कबीर हो, नानक हो, गोरख हो। तुम में उनमें जरा भी भेद नहीं है, रत्ती-भर भेद नहीं है। तुम्हारा स्वभाव वही है जो उनका स्वभाव है। तुम्हारे भीतर वही ज्योति जल रही है जो उनके भीतर जल रही है। मगर तुम अपरिचित हो। तुम अपने से ही अपरिचित हो। इतना-सा, छोटा-सा काम करो :

खोल मन के नयन देखो
मैं तुम्हारे साथ ही हूं।
आस्था हूं,
साधना हूं,
अर्चना,
आराधना हूं,

खोल मन के द्वार देखो,
मैं तुम्हारी आत्मा हूं!
अनल हूं मैं
अनिल हूं मैं,
व्योम हूं,
जल-स्रोत हूं मैं
श्वास हूं
उच्छवास हूं मैं
प्राण बन
तुम में निहित हूं!
रम रहा
तुम में अहर्निश,
मैं कहां
तुम से अलग हूं?
वेदना की चोट से
तुम
जब व्यथित हो
क्षुब्ध होते,
सांत्वना की रागिनी
मन में तुम्हारे
छेड़ता हूं!
अंश तुम हो,
सर्व मैं हूं,
भ्रांति-पट
है बीच में,
उस ओर तुम,
इस ओर मैं हूं!
गहन अंतर में तुम्हारे
जल रहा जो

धीर गति से,
मैं वही हूं दीप,
उसकी ज्योति भी हूं!

आज इतना ही।

4

इहि पस्सिको

दिनांक : 12 नवंबर, 1978; श्री रजनीश आश्रम, पूना.

प्यारे प्रभु! कल प्रथम बार मैंने शिविर में विपस्सना ध्यान किया। इतनी उड़ान अनुभव हुई! कृपया विपस्सना के बारे में और प्रकाश डालें।

शरीर ही स्वस्थ नहीं है तो फिर शरीर के पार, फिर मन के पार कैसे जा सकूंगी? प्रभु, मैं बहुत निराश हो गयी हूं, कुछ मार्गदर्शन करें।

विरह क्या है?

मैं बड़ी उलझन में हूं। तीस अक्टूबर को मेरी प्यारी बहन ज्योति का देहांत हो गया। मैं बहुत दुख और परेशानी महसूस कर रहा हूं।
ध्यान तथा प्रवचन सुनने से थोड़ी शांति की अनुभूति होती है,
परंतु इतने सालों से प्रेम एवं ममत्व होने के कारण उसकी याद सताती है।
ऐसे संयोग में मुझे क्या करना चाहिए?
प्रभु, आप कृपया कुछ मार्ग-दर्शन देने की अनुकंपा करें।

बुद्ध हुए और महावीर हुए और गोरख हुए, नानक हुए और कबीर हुए-- इतनी रोशनियां जलीं, फिर भी संसार में अंधेरा क्यों है?

पहला प्रश्न: प्यारे प्रभु! कल प्रथम बार मैंने शिविर में विपस्सना ध्यान किया। इतनी उड़ान अनुभव हुई! कृपया विपस्सना के बारे में और प्रकाश डालें।

ईश्वर समर्पण! विपस्सना मनुष्य-जाति के इतिहास का सर्वाधिक महत्वपूर्ण ध्यान-प्रयोग है। जितने व्यक्ति विपस्सना से बुद्धत्व को उपलब्ध हुए उतने किसी और विधि से कभी नहीं। विपस्सना अपूर्व है! विपस्सना शब्द का अर्थ होता है: देखना, लौटकर देखना।

बुद्ध कहते थे: इहि पस्सिको, आओ और देखो! बुद्ध किसी धारणा का आग्रह नहीं रखते। बुद्ध के मार्ग पर चलने के लिए ईश्वर को मानना न मानना, आत्मा को मानना न मानना आवश्यक नहीं है। बुद्ध का धर्म अकेला धर्म है इस पृथ्वी पर जिसमें मान्यता, पूर्वाग्रह, विश्वास इत्यादि की कोई भी आवश्यकता नहीं है। बुद्ध का धर्म अकेला वैज्ञानिक धर्म है।

बुद्ध कहते: आओ और देख लो। मानने की जरूरत नहीं है। देखो, फिर मान लेना। और जिसने देख लिया, उसे मानना थोड़े ही पड़ता है; मान ही लेना पड़ता है। और बुद्ध के देखने की जो प्रक्रिया थी, दिखाने की जो प्रक्रिया थी, उसका नाम है विपस्सना।

विपस्सना बड़ा सीधा-सरल प्रयोग है। अपनी आती-जाती श्वास के प्रति साक्षीभाव। श्वास जीवन है। श्वास से ही तुम्हारी आत्मा और तुम्हारी देह जुड़ी है। श्वास सेतु है। इस पार देह है, उस पार चैतन्य है, मध्य में श्वास है। यदि तुम श्वास को ठीक से देखते रहो, तो अनिवार्य रूपेण, अपरिहार्य रूप से, शरीर से तुम भिन्न अपने को जानोगे। श्वास को देखने के लिए जरूरी हो जायेगा कि तुम अपनी आत्मचेतना में स्थिर हो जाओ। बुद्ध कहते नहीं कि आत्मा को मानो। लेकिन श्वास को देखने का और कोई उपाय ही नहीं है। जो श्वास को देखेगा, वह श्वास से भिन्न हो गया, और जो श्वास से भिन्न हो गया वह शरीर से तो भिन्न हो

ही गया। क्योंकि शरीर सबसे दूर है; उसके बाद श्वास है; उसके बाद तुम हो। अगर तुमने श्वास को देखा तो श्वास के देखने में शरीर से तो तुम अनिवार्य रूपेण छूट गए। शरीर से छूटो, श्वास से छूटो, तो शाश्वत का दर्शन होता है। उस दर्शन में ही उड़ान है, ऊंचाई है, उसकी ही गहराई है। बाकी न तो कोई ऊंचाइयां हैं जगत में, न कोई गहराइयां हैं जगत में। बाकी तो व्यर्थ की आपाधापी है।

फिर, श्वास अनेक अर्थों में महत्वपूर्ण है। यह तो तुमने देखा होगा, क्रोध में श्वास एक ढंग से चलती है, करुणा में दूसरे ढंग से। दौड़ते हो, एक ढंग से चलती है; आहिस्ता चलते हो, दूसरे ढंग से चलती है। चित्त ज्वरग्रस्त होता है, एक ढंग से चलती है; तनाव से भरा होता है, एक ढंग से चलती है; और चित्त शांत होता है, मौन होता है, तो दूसरे ढंग से चलती है।

श्वास भावों से जुड़ी है। भाव को बदलो, श्वास बदल जाती है! श्वास को बदल लो, भाव बदल जाते हैं। जरा कोशिश करना। क्रोध आये, मगर श्वास को डोलने मत देना। श्वास को थिर रखना, शांत रखना। श्वास का संगीत अखंड रखना। श्वास का छंद न टूटे। फिर तुम क्रोध न कर पाओगे। तुम बड़ी मुश्किल में पड़ जाओगे, करना भी चाहोगे तो क्रोध न कर पाओगे। क्रोध उठेगा भी तो भी गिर-गिर जायेगा। क्रोध के होने के लिए जरूरी है कि श्वास आंदोलित हो जाये। श्वास आंदोलित हो तो भीतर का केंद्र डगमगाता है। नहीं तो क्रोध देह पर ही रहेगा। देह पर आयें क्रोध का कुछ अर्थ नहीं है, जब तक कि चेतना उससे आंदोलित न हो। चेतना आंदोलित हो, तो जुड़ गये।

फिर इससे उल्टा भी सच है: भावों को बदलो, श्वास बदल जाती है। तुम कभी बैठे हो सुबह उगते सूरज को देखते नदी-तट पर।.भाव शांत हैं। कोई तरंगें नहीं चित्त में। उगते सूरज के साथ तुम लवलीन हो। लौटकर देखना, श्वास का क्या हुआ? श्वास बड़ी शांत हो गयी। श्वास में एक रस हो गया, एक स्वाद...छंद बंध गया! श्वास संगीतपूर्ण हो गयी।

विपस्सना का अर्थ है शांत बैठकर, श्वास को बिना बदले...खयाल रखना प्राणायाम और विपस्सना में यही भेद है। प्राणायाम में श्वास को बदलने की चेष्टा की जाती है, विपस्सना में श्वास जैसी है वैसी ही देखने की आकांक्षा है। जैसी है—ऊबड़-खाबड़ है, अच्छी है, बुरी है, तेज है, शांत है, दौड़ती है, भागती है, ठहरी है, जैसी है!

बुद्ध कहते हैं, तुम अगर चेष्टा करके श्वास को किसी तरह नियोजित करोगे, तो चेष्टा से कभी भी महत फल नहीं होता। चेष्टा तुम्हारी है, तुम ही छोटे हो; तुम्हारी चेष्टा तुमसे बड़ी नहीं हो सकती। तुम्हारे हाथ छोटे हैं; तुम्हारे हाथ की जहां-जहां छाप होगी, वहां-वहां छोटापन होगा।

इसलिए बुद्ध ने यह नहीं कहा है कि श्वास को तुम बदलो। बुद्ध ने प्राणायाम का समर्थन नहीं किया है। बुद्ध ने तो कहा : तुम तो बैठ जाओ, श्वास तो चल ही रही है; जैसी चल रही है बस बैठकर देखते रहो। जैसे राह के किनारे बैठकर कोई राह चलते यात्रियों को देखे, कि नदी-तट पर बैठ कर नदी की बहती धार को देखे। तुम क्या करोगे? आई एक बड़ी तरंग तो देखोगे और नहीं आई तरंग तो देखोगे। राह पर निकली कारें, बसें, तो देखोगे; नहीं निकलीं, तो देखोगे। गाय-भैंस निकलीं, तो देखोगे। जो भी है, जैसा है, उसको वैसा ही देखते रहो। जरा भी उसे बदलने की आकांक्षा आरोपित न करो। बस शांत बैठ कर श्वास को देखते रहो। देखते-देखते ही श्वास और शांत हो जाती है। क्योंकि देखने में ही शांति है।

और निर्चुनाव—बिना चुने देखने में बड़ी शांति है। अपने करने का कोई प्रश्न ही न रहा। जैसा है ठीक है। जैसा है शुभ है। जो भी गुजर रहा है आंख के सामने से, हमारा उससे कुछ लेना-देना नहीं है। तो उद्विग्न होने का कोई सवाल नहीं, आसक्त होने की कोई बात नहीं। जो भी विचार गुजर रहे हैं, निष्पक्ष देख रहे हो। श्वास की तरंग धीमे-धीमे शांत होने लगेगी। श्वास भीतर आती है, अनुभव करो स्पर्श...नासापुटों में। श्वास भीतर गयी, फेफड़े फैले; अनुभव करो फेफड़ों का फैलना। फिर क्षण-भर सब रुक गया...अनुभव करो उस रुके हुए क्षण को। फिर श्वास बाहर चली, फेफड़े सिकुड़े, अनुभव करो उस सिकुड़ने को। फिर नासापुटों से श्वास बाहर गयी। अनुभव करो उत्तप्त श्वास नासापुटों से बाहर जाती। फिर क्षण-भर सब ठहर गया, फिर नयी श्वास आयी।

यह पड़ाव है। श्वास का भीतर आना, क्षण-भर श्वास का भीतर ठहरना, फिर श्वास का बाहर जाना, क्षण-भर फिर श्वास का बाहर ठहरना, फिर नयी श्वास का आवागमन, यह वर्तुल है—वर्तुल को चुपचाप देखते रहो। करने की कोई भी बात नहीं, बस देखो। यही विपस्सना का अर्थ है।

क्या होगा इस देखने से? इस देखने से अपूर्व होता है। इसके देखते-देखते ही

चित्त के सारे रोग तिरोहित हो जाते हैं। इसके देखते-देखते ही, मैं देह नहीं हूं, इसकी प्रत्यक्ष प्रतीति हो जाती है। इसके देखते-देखते ही, मैं मन नहीं हूं, इसका स्पष्ट अनुभव हो जाता है। और अंतिम अनुभव होता है कि मैं श्वास भी नहीं हूं। फिर मैं कौन हूं? फिर उसका कोई उत्तर तुम दे न पाओगे। जान तो लोगे, मगर गूंगे का गुड़ हो जायेगा। वही है उड़ान। पहचान तो लोगे कि मैं कौन हूं, मगर अब बोल न पाओगे। अब अबोल हो जायेगा। अब मौन हो जाओगे। गुनगुनाओगे भीतर-भीतर, मीठा-मीठा स्वाद लोगे, नाचोगे मस्त होकर, बांसुरी बजाओगे; पर कह न पाओगे।

ईश्वर समर्पण, ठीक ही हुआ। कहा तुमने : इतनी उड़ान अनुभव हुई! अब विपस्सना के सूत्र को पकड़ लो। अब इसी सूत्र के सहारे चल पड़ो। और विपस्सना की सुविधा यह है कि कहीं भी कर सकते हो। किसी को कानों-कान पता भी न चले। बस में बैठे, ट्रेन में सफर करते, कार में यात्रा करते, राह के किनारे, दुकान पर, बाजार में, घर में, बिस्तर पर लेटे...किसी को पता भी न चले! क्योंकि न तो कोई मंत्र का उच्चार करना है, न कोई शरीर का विशेष आसन चुनना है। धीरे-धीरे...इतनी सुगम और सरल बात है और इतनी भीतर की है, कि कहीं भी कर ले सकते हो। और जितनी ज्यादा विपस्सना तुम्हारे जीवन में फैलती जाये उतने ही एक दिन बुद्ध के इस अदभुत आमंत्रण को समझोगे : इहि पस्सिको! आओ और देख लो!

बुद्ध कहते हैं : ईश्वर को मानना मत, क्योंकि शास्त्र कहते हैं; मानना तभी जब देख लो। बुद्ध कहते हैं : इसलिए भी मत मानना कि मैं कहता हूं। मान लो तो चूक जाओगे। देखना, दर्शन करना। और दर्शन ही मुक्तिदायी है। मान्यताएं हिंदू बना देती हैं, मुसलमान बना देती हैं, ईसाई बना देती हैं, जैन बना देती हैं, बौद्ध बना देती हैं; दर्शन तुम्हें परमात्मा के साथ एक कर देता है। फिर तुम न हिंदू हो, न मुसलमान, न ईसाई, न जैन, न बौद्ध; फिर तुम परमात्ममय हो। और वही अनुभव पाना है। वही अनुभव पाने योग्य है।

दूसरा प्रश्न : शरीर ही स्वस्थ नहीं है तो शरीर के पार, फिर मन के पार कैसे जा सकूंगी? प्रभु, मैं बहुत निराश हो गयी हूं, कुछ मार्गदर्शन करें।

समाधि! शरीर तो सदा ही अस्वस्थ है। शरीर तो कभी स्वस्थ हो ही नहीं

सकता। इसीलिए तो ज्ञानियों ने शरीर को व्याधि कहा है। ऐसा नहीं है कि जो अस्पताल में भर्ती हैं उन्हीं के शरीर को व्याधि कहा है, शरीर-मात्र को व्याधि कहा है। व्याधि इसलिए कहा है कि शरीर तो जन्मा है और मरेगा।

तो शरीर तो जन्म के बाद मर ही रहा है। जन्म के बाद कुछ और तुमने किया क्या है सिवाय मरने के? जन्म के बाद मरना शुरू हो गया। एक दिन का बच्चा एक दिन मर चुका। एक श्वास जिस बच्चे ने ली है जमीन पर मां के गर्भ से निकलकर, उसकी उतनी मौत हो गयी, उतनी मौत चल चुका। जन्म के बाद तो मृत्यु ही होनी है।

और जिसकी मृत्यु होनी है, उसका कैसा स्वास्थ्य? स्वास्थ्य तो सिर्फ अमृत का होता है। स्वस्थ तो जो होता है वह अमृत को जान लेता है। शरीर तो मरणधर्मा है। मरण तो उसके रोएं-रोएं में छिपा पड़ा है, देर-अबेर की बात है। शरीर तो मरघट है।

इसलिए चिंता न करो। शरीर स्वस्थ है कि अस्वस्थ, इससे तुम्हारे ध्यान का कोई खास संबंध नहीं। क्या समाधि, तू सोचती है जिनके शरीर स्वस्थ हैं, वे ध्यान को उपलब्ध हो रहे हैं? हालतें तो अक्सर उल्टी हैं। जिनके शरीर स्वस्थ हैं वे तो ध्यान की शायद सोचेंगे भी नहीं। वे कहेंगे: देखेंगे बुढ़ापे में, अभी क्या जल्दी पड़ी है? अभी तो चार दिन की जिंदगी मिली है; लूट लो, खा लो, मजा कर लो, मौज कर लो। आयेगी मौत, तब देखेंगे; जिनकी आती होगी, वे करें ध्यान। अभी तो हम मजबूत हैं, अभी तो हम जवान हैं।

शरीर के स्वस्थ होने से ध्यान का कोई संबंध नहीं है। लेकिन शरीर स्वस्थ कभी होता ही नहीं। स्वस्थ से स्वस्थ शरीर भी बस स्वस्थ दिखायी पड़ता है। क्षण-भर में सब टूट जाये, क्षण-भर में सब बिखर जाये। शरीर का स्वास्थ्य तो ऐसा ही है जैसे पानी की थिरता; जरा हवा का झोंका आयेगा, सब अथिर हो जायेगा। लेकिन इससे कुछ बाधा नहीं पड़ती।

सच तो यह है, यदि मृत्यु न होती तो कोई ध्यान करता ही न। बुद्ध को भी मृत्यु को देखकर ही स्मरण आया था कि मैं जीवन कब तक गंवाऊंगा? उसे खोज लूं, जल्दी खोज लूं, जिसकी कोई मृत्यु न होती हो। राह के किनारे देखकर आदमी की लाश को ले जाते, बुद्ध ने अपने सारथी को पूछा था: इसे क्या हो गया? सारथी ने कहा था: यह आदमी मर गया। बुद्ध ने पूछा: क्या मैं भी मर जाऊंगा

इसी तरह? सारथी ने कहा? कैसे कहूं, किन शब्दों में कहूं? आप ऐसा प्रश्न उठाते हैं कि मुझे अड़चन में डालते हैं। लेकिन झूठ भी नहीं कह सकता हूं। अभी आप सुंदर हैं, युवा हैं, स्वस्थ हैं, लेकिन मौत तो होगी; मौत सबकी होती है। मौत अपरिहार्य है। उससे कभी कोई बचा नहीं है।

बुद्ध जाते थे महोत्सव में भाग लेने। उन्होंने सारथी को कहा: रथ वापिस लौटा लो। अब महोत्सव में जाने का समय नहीं। सारथी ने कहा: क्या कहते हैं आप! प्रतीक्षा करते होंगे महोत्सव में लोग। आपके ही हाथ उदघाटन होना है।

बुद्ध ने कहा: हो चुका उदघाटन। अब मुझे महोत्सव में कोई रस नहीं। मेरे सामने अब एक प्रश्न खड़ा हो गया है कि अगर मौत होनी है तो मौत के पहले मुझे उसे जान लेना जरूरी है, जो अमृत हो। और जब तक अमृत को न जाना तब तक अब चैन नहीं।

उसी रात बुद्ध ने घर छोड़ दिया। उसी रात यात्रा पर निकल गये।

मृत्यु है, इसलिए तो ध्यान की खोज शुरू होती है।

देह अस्वस्थ है, इसे दुर्भाग्य न समझो; इसे सौभाग्य में बदल लो। फिर देह का अस्वस्थ होना बाधा नहीं बनेगा। अभी मैंने विपस्सना की बात कही। देह स्वस्थ हो कि अस्वस्थ, जवान हो कि वृद्ध, सुंदर हो कि कुरूप, स्त्री की हो कि पुरुष की, कोई भेद नहीं पड़ेगा। श्वास तो चल ही रही है न? समाधि, तू इतनी अस्वस्थ तो नहीं कि श्वास न चलती हो? इतनी अस्वस्थ होती तो प्रश्न ही कौन पूछता? तो जा ही चुकी होती! श्वास तो चल ही रही है न, बस इतना ही तो चाहिए, और कुछ चाहिए भी नहीं। इसी श्वास के प्रति जागो; बैठ कर जागो, खड़े होकर जागो, चलते हुए जागो, सोकर-लेटकर जागो—इस श्वास के प्रति जागो। यह तो बीमार से बीमार आदमी भी कर सकता है। यह तो जो अस्पताल में भरती होते हैं उनको भी मैं कहता हूं यही करो!

और सच तो यह है कि दिन-भर की घर की आपाधापी में समय भी नहीं मिलता। कभी अस्पताल में सौभाग्य से कोई महीने-पंद्रह दिन रह जाता है तो ध्यान का समय मिल जाता है। वहां कुछ और करने को भी नहीं। बिस्तर पर लेटे-लेटे और करोगे क्या? श्वास तो देख ही सकते हो न! आती श्वास, जाती श्वास। श्वास पर ध्यान तो आरोपित कर ही सकते हो न। बस उतने से ही हो जायेगा।

तू इसकी चिंता मत कर कि शरीर स्वस्थ नहीं है। न रहने दे शरीर को स्वस्थ, इसी अस्वास्थ्य को वरदान बना लेंगे। यही अभिशाप परम वरदान बन जायेगा। तू विपस्सना में लग।

तीसरा प्रश्न : विरह क्या है?

पूछते हो तो समझ न पाओगे; समझते तो पूछते नहीं। समझ सकते, तो भी पूछते नहीं। क्योंकि विरह कोई सिद्धांत तो नहीं है, दर्शनशास्त्र की कोई धारणा तो नहीं है—प्रीति की अनुभूति है।

जैसे किसी ने प्रेम नहीं किया और पूछे कि प्रेम क्या है? अब कैसे समझाएं उसे, कैसे जतलाएं उसे? ऐसे जैसे अंधे ने पूछा, प्रकाश क्या है? अब क्या है उपाय बतलाने का? और जो भी हम बताने चलेंगे, अंधे को और उलझन में डाल जायेगा। अंधा समझेगा तो नहीं, और चक्कर में, और बिबूचन में पड़ जायेगा।

विरह अनुभूति है; प्रेम किया हो तो जान सकते हो। और जिसने प्रेम किया है, वह विरह जान ही लेगा। प्रेम के दो पहलू हैं। पहली मुलाकात जिससे होती है वह विरह और दूसरी मुलाकात जिससे होती है वह मिलन। प्रेम के दो अंग हैं—विरह और मिलन। विरह में पकता है भक्त और मिलन में परीक्षा पूरी हो गयी, पुरस्कार मिला। विरह तैयारी है, मिलन उपलब्धि है। आंसुओं से रास्ते को पाटना पड़ता है मंदिर के, तभी कोई मंदिर के देवता तक पहुंचता है। रो-रो कर काटनी पड़ती है यह लंबी रात, तभी सुबह होती है। और जितनी ही आंखें रोती हैं, उतनी ही ताजी सुबह होती है! और जितने ही आंसू बहे होते हैं, उतने ही सुंदर सूरज का जन्म होता है।

तुम्हारे विरह पर निर्भर है कि तुम्हारा मिलन कितना प्रीतिकर होगा, कितना गहन होगा, कितना गंभीर होगा। सस्ते में जो हो जाये, वह बात भी सस्ती ही रहती है। इसलिए परमात्मा मुफ्त में नहीं मिलता, रो-रो कर मिलना होता है। और आंसू भी साधारण आंसू नहीं, हृदय ही जैसे पिघल-पिघल कर आंसुओं से बहता है! जैसे रक्त आंसू बन जाता है। जैसे प्राण ही आंसू बन जाते हैं।

विरह है अवस्था पुकार की, कि लगता तो है कि तुम हो, मगर दिखाई नहीं पड़ते। लगता तो है कि तुम जरूर ही हो, क्योंकि तुम्हारे बिना कैसे यह विराट होगा? कैसे चलेंगे ये चांद-तारे? कैसे वृक्षों में बाढ़ होगी? कैसे वृक्षों में हरे पत्ते

ऊगेंगे? कैसे फूल खिलेंगे? कैसे पक्षी गीत गायेंगे? कैसे जीवन का यह रहस्य जन्मेगा? तुम हो तो जरूर; छिपे हो, अवगुंठन में हो, किसी आवरण में हो।

विरह का अर्थ है: हम तुम्हारा घूंघट उठाएंगे, तलाशेंगे, कितनी ही हो कठिन यात्रा और कितनी ही दुर्गम, हम सब दांव पर लगायेंगे; मगर घूंघट उठायेंगे। हम तुम्हें जानकर रहेंगे, क्योंकि तुम्हें न जाना तो कुछ भी न जाना। अपने मालिक को न जाना, तो कुछ भी न जाना। जिससे आये उसे न जाना, तो कुछ भी न जाना। स्रोत को न जाना तो गंतव्य को कैसे जानेंगे? इसलिए तुमसे पहचान करनी ही होगी। तुम जो अदृश्य हो तुम्हें दृश्य बनाना ही होगा। तुम जो दूर हो, स्पर्श के पार, तुमसे आलिंगन करना ही होगा।

अदृश्य से आलिंगन की आकांक्षा विरह है। अदृश्य को आंखों में भर लेने की आकांक्षा विरह है। जो पकड़ में नहीं आता उसे पकड़ लेने की अदम्य आकांक्षा विरह है। और स्वभावतः बात आसान नहीं, बात अति दुर्गम है। खूब कसौटी होगी, बड़ी अग्नि-परीक्षा होगी। बहुत रोओगे, बहुत तड़फोगे। तुम्हारी तड़फ ही तुम्हारी परीक्षा होगी। विरह में गलोगे, जलोगे, मिटोगे। और जिस दिन राख-राख हो जाओगे, उस दिन उसी राख से मिलन का प्रारंभ होता है।

रेणु जलते ढांपने को
तुहिन से अवदात शीतल,
सखि, दुखों के पांवड़े तू
आज उनके पथ बिछा ले;
वेदना के गीत गा ले।
अग्नि झंझा-सी लगेगी
प्राण से उठती तुम्हारी
बाड़वी प्यासी लपट की
राह, सांसों से छिपा ले;
वेदना के गीत गा ले।
राग तारों के निकलती
मूर्छना ओ' मींड़ तेरी;
बीन से उठती कसक यह,
आज हाथों से दबा ले;

वेदना के गीत गा ले।
कल्प के अंतिम निमिष तक
यदि तुम्हारे 'वे' न आवें,
साध की अंगारिका से
चेतना की सुधि जला ले;
वेदना के गीत गा लें।

जलना होगा। विरह जलन है। विरह उत्तप्त, विदग्ध प्रीति की दशा है, पुकार है, प्रार्थना है।

नहीं, तुम्हें मैं न समझा सकूंगा कि विरह क्या है? तुम्हें प्रेम में पड़ना होगा। यह तो स्वाद है, लोगे तो जानोगे। इहि पस्सिको! आओ और जानो।

यहां हम प्रभु के प्रेमियों और दीवानों को ही तो पैदा कर रहे हैं। दूर-दूर से खड़े होकर जानने की कोशिश न करो। तमाशबीन न बनो। भागीदार बनो। यह जो महफिल बैठी है दीवानों की, इसके हिस्सेदार बनो। नाचो, ध्यान करो, गाओ। डोलो मस्ती में।

शुरू-शुरू पागलपन लगेगा, जल्दी ही और शेष सब पागलपन लगने लगेगा उसको छोड़कर। शुरू-शुरू लगेगा, यह तुम्हें क्या होने लगा! पहली दफा जब कोई शराब पीता है तो पैर बहुत डांवाडोल होते हैं। फिर धीरे-धीरे बात जम जाती है। फिर असली शराबी का तो तुम्हें पता ही न चलेगा कि उसने शराब पी रखी है।

मैंने तो सुना है कि मुल्ला नसरुद्दीन एक रात घर आया, बड़ा झगड़ा मचा। विवाह हुए भी बीस वर्ष हो चुके हैं। और पत्नी बहुत शोरगुल करने लगी। भीड़ इकट्ठी हो गयी। लोगों ने पूछा, बात क्या है? पत्नी ने कहा कि ये अब तक शराब पीते रहे। पर लोगों ने कहा, बीस साल हो गये, अब झगड़ा! पत्नी ने कहा, आज तक पता ही न चला, क्योंकि ये रोज पी कर आते रहे, आज बिना पीये आ गये हैं।

ढंग से कोई पीनेवाला होगा, रोज पीता होगा, तो पता ही न चलेगा; न पीयेगा तो पता चल जायेगा। शुरू-शुरू पीयोगे तो लड़खड़ाओगे भी, डगमगाओगे भी। भयभीत न होना, ऐसे ही डगमगाते-डगमगाते पैर ठीक पड़ने लगते हैं।

चमकते हीरे लगाये
डाल तम का सजल गुंठन,
मैं गगन में बिलखती

काली क्षपा की पीर-सी हूं।
श्याम अंजन कूट वाली
अंध मारुत बंदिनी-सी
अनुतर्षिका अनुरागवाली
मैं क्षितिज दृग नीर-सी हूं।
चिर व्यथा भर लोचनों में
नील यमुना के किनारे,
मलय से आवेग में
झुक झूमते वानीर-सी हूं।
नील अंबर में संजोये
पीत हिमकर को छिपाती,
मैं अमा के प्रात की
उन्मत्त श्वास अधीर-सी हूं।

बनो एक अधीर श्वास! मैं अमा के प्रात की उन्मत्त श्वास अधीर-सी हूं! पूछते हो: विरह क्या है? यह कुछ गणित तो नहीं कि समझा दिया जाये, जैसे दो और दो चार होते हैं। यह तो एक प्रीति की अनुभूति है। और प्रेम के बिना विरह नहीं जाना जा सकता। प्रेम की छाया है विरह।

तो पहले प्रेम में पड़ो। और आश्चर्य तो यही है कि लोग प्रेम में पड़े बिना कैसे बच जाते हैं! आश्चर्य यह नहीं है कि तुम पूछते हो कि विरह क्या है, आश्चर्य यह है कि तुम्हें अब तक प्रेम का पता नहीं!

लेकिन एक उलझन हो गयी है, उस उलझन में ही तुम्हारी सारी व्यथा-कथा है। सदियों-सदियों से तुम्हें समझाया गया है कि परमात्मा को प्रेम करना है तो आदमी को प्रेम करना छोड़ना पड़ेगा। आदमी को प्रेम करना छोड़ दो तो मैं तुमसे कहता हूं, तुम परमात्मा को कभी प्रेम कर ही न पाओगे। आदमी तो सीढ़ी है; सीढ़ी ही तोड़ दी...!

मैं तुमसे कहता हूं: आदमी को प्रेम करो। वहीं तुम प्रेम का पहला पाठ सीखोगे। और वही पाठ तुम्हें इतना मदमस्त कर देगा कि तुम जल्दी ही पूछने लगोगे: और बड़ा प्रेमपात्र कहां खोजूं? मनुष्य से प्रेम करने से ही तुम्हें अनुभव होगा कि मनुष्य छोटा पात्र है; प्रेम को जगा तो देता है, लेकिन तृप्त नहीं कर

पाता। प्रेम को उकसा तो देता है, लेकिन संतुष्ट नहीं कर पाता। प्रेम की पुकार तो पैदा कर देता है; खोज शुरू हो जाती है। लेकिन पुकार इतनी बड़ी है और आदमी इतना छोटा कि फिर पुकार पूरी नहीं हो पाती। फिर वही बड़ी पुकार, जो आदमी तृप्त नहीं कर सकता, परमात्मा की तलाश में निकलती है।

आदमी तो छिछला-छिछला पानी है। तैरना सीख लो वहां, फिर बड़े सागर हैं! मगर छिछले पानी से ही बचते रहे, तो बड़े सागरों में कब तैरोगे, कब तिरोगे; कैसे तैरोगे, कैसे तिरोगे?

मुल्ला नसरुद्दीन जाता था नदी पर तैरना सीखने। पहले ही दिन, पुराना घाट, जमी हुई काई पत्थर पर। डरा-डरा गया था। उस्ताद सिखाने जो ले गये थे, वे तो अपना कपड़ा ही उतार रहे थे कि मुल्ला का पैर फिसल गया काई पर। चारों खाने चित्त गिर पड़ा। उठा और एकदम घर की तरफ भागा। उस्ताद ने पूछा कि नसरुद्दीन कहां जाते हो, तैरना नहीं सीखना?

नसरुद्दीन ने कहा: अब जब तैरना सीख लूंगा, तभी नदी के पास आऊंगा। यह तो खतरनाक मामला है। यह तो भगवान की कृपा कहो कि घाट पर ही फिसला पैर, और पत्थर पर ही गिरा। चोट तो खायी है खूब, ठीक है दो-चार दिन में सब ठीक हो जायेगी; अगर पानी में पड़ गया होता तो आज जान गंवा दी होती! और उस्ताद! तुम तो कपड़े ही उतार रहे थे, तुम्हें तो पता ही न चलता। आऊंगा, एक दिन जरूर आऊंगा; लेकिन अब जब तैरना सीख लूंगा तभी आऊंगा।

मगर तैरना कहां सीखोगे? बैठकखाने में गद्दी इत्यादि बिछा के तैरना सीखोगे! ऐसे कहीं तैरना सीखा जाता है? लेकिन तर्क तो ठीक है नसरुद्दीन का कि बिना तैरे नदी मत जाना। तर्क तो बिलकुल ठीक है, सौ प्रतिशत ठीक है। रत्तीभर भूल तुम तर्क में न निकाल सकोगे, कि तैरना सीख लो तो ही नदी जाना, नहीं तो खतरा है। तर्क तो ठीक है मगर जीवन विपरीत है। नदी न जाओगे; तो तैरना सीखोगे कैसे? जोखिम तो लेनी ही होगी। हां, जरूरी नहीं है कि तुम बड़े सागरों में सीखने जाओ; नदी पर सीख लो, तट पर सीखो, उथले-उथले सीख लो। फिर जब सीखना आ जाये तो फिर सारे सागर तुम्हारे हैं।

ऐसा ही मैं तुमसे कहता हूं: पत्नी को प्रेम किया है, यह परमात्मा के विपरीत नहीं। बच्चे को प्रेम किया है, यह परमात्मा के विपरीत नहीं। मित्र को चाहा है, यह परमात्मा के विपरीत नहीं। यह नदी की उथली- उथली धार है; यहां सीख लो।

यह सब परमात्मा के पक्ष में है। ये परमात्मा के पहले पाठ हैं। और इनसे तृप्ति नहीं मिलेगी, इसलिए आश्वस्त रहो। ये अतृप्त करेंगे, यही तो मजा है इनका। यही इनका राज है।

किस मनुष्य को मनुष्य से तृप्ति मिली है, कब मिली है? इतिहास में कोई उल्लेख नहीं। इससे कुछ सीखो। इसका क्या अर्थ हुआ? इसका अर्थ हुआ कि मनुष्य के साथ प्रेम में अतृप्ति सघन होती है। प्यास तो जग जाती है, जल नहीं मिलता। फिर जल की तलाश शुरू होती है। वही तलाश विरह है। फिर तुम परमात्मा को खोजने निकलते हो। तुम कहते हो : इतने प्रेम की आकांक्षा दी है, तो कहीं सरोवर भी होगा जो इस आकांक्षा को तृप्त करता होगा।

ज्ञानियों ने कहा है : इसके पहले कि वह तुम्हें जीवन देता, वह तुम्हारे जीवन की तृप्ति के आयोजन कर देता है। देखते नहीं हो, मां के पेट से एक बच्चे का जन्म होता! बच्चे का जन्म होते-होते या होने के पहले ही मां के स्तन दूध से भर जाते हैं। अभी बच्चा आया नहीं, लेकिन भोजन का आयोजन तैयार हो गया। चिड़िया घोंसला बनाने लगती है, अभी अंडे रखे नहीं हैं; लेकिन कोई अचेतन हाथ चिड़िया को घोंसला बनाने में संलग्न कर देता है। उसके पास कुछ गणित भी नहीं है, कोई हिसाब-किताब भी नहीं है कि कब बनाये घोंसला। लेकिन कुछ अचेतन ऊर्जा, कोई सहज प्रतीति गहन में, उसे घोंसला बनाने में रत कर देती है। देखते हो, दीवाने की तरह भागी-भागी लाती है घास-पात, फूल-पत्ते, बना लेती है घोंसले को। इसके पहले कि अंडे रखने का क्षण आये, घोंसला तैयार हो जाता है।

इस जगत को अगर तुम गौर से देखोगे, तो यहां भूख के पहले भोजन है, प्यास के पहले जल है। इसका ही नाम श्रद्धा है। इसको देख लेने का नाम श्रद्धा है। तो अगर तुम्हारे भीतर परमात्मा को पाने की आकांक्षा उठे, तो मान ही लेना, जान ही लेना कि परमात्मा भी होगा। नहीं तो प्यास उठ नहीं सकती थी। फिर प्यास तड़फायेगी बहुत; जब तक मिलन न हो जायेगा तब तक रुलायेगी बहुत। उस अदभुत रुदन की यात्रा का नाम विरह है।

विरह दुख नहीं है; या अगर कहना चाहो ठीक से तो बड़ा मधुर दुख है, बड़ा मीठा दुख है। सौभाग्यशालियों को ही उपलब्ध होता है। अभागे तो उससे वंचित रह जाते हैं।

चौथा प्रश्न : मैं बड़ी उलझन में हूं। तीस अक्टूबर को मेरी प्यारी छोटी बहन ज्योति का देहांत हो गया। मैं बहुत दुख और परेशानी महसूस कर रहा हूं। ध्यान तथा प्रवचन सुनने से थोड़ी-सी शांति की अनुभूति होती है, परंतु इतने सालों से प्रेम एवं ममत्व होने के कारण रोम-रोम में उसकी याद सताती है। ऐसे संयोग में मुझे क्या करना चाहिए? प्रभु, आप कृपया कुछ मार्गदर्शन देने की अनुकंपा करें।

कबीर! जाना है और सबको जाना है। हम सब पंक्तिबद्ध जाने को तैयार खड़े हैं—कब किसका बुलावा आ जाये! बहन गयी तुम्हारी, चोट लगी तुम पर। चोट इसीलिए लगी कि तुमने यह मानकर जिंदगी चलायी थी कि बहन कभी जायेगी नहीं। बहन के जाने से चोट नहीं लगी, तुम्हारी मान्यता भ्रांत थी; मान्यता के टूटने से चोट लगी। काश, तुमने जाना ही होता कि सब को जाना है, तो चोट न लगती! तुमने झूठी मान्यता बना रखी थी कि बहन कभी न जायेगी। किसी अचेतन में चुपचाप तुम इस भाव को पालते-पोसते रहे थे कि बहन कभी न जायेगी। इतनी प्यारी बहन कहीं जाती है!

लेकिन सबको जाना है। अब तुम सोचते हो कि बहन के जाने के कारण तुम विक्षुब्ध हो, तो फिर गलत सोच रहे हो। धारणा टूट गयी, इसलिए विक्षुब्ध हो। तुम्हारी मान्यता उखड़ गयी, इसलिए विक्षुब्ध हो। यह बहन का जाना तुम्हारे सारे तारतम्य को तोड़ गया, इसलिए विक्षुब्ध हो। अब भी सोचो, अब भी जागो। तुम्हें भी जाना है। पिता भी जायेंगे, मां भी जायेगी, भाई भी जायेंगे, मित्र भी जायेंगे; सभी को जाना है। बहन तो जैसे राह दिखा गयी। धन्यवाद मानो उसका, अनुग्रह स्वीकार करो कि अच्छा किया कि तू गयी और हमें चेता गयी। तो जाने की तैयारी हम करें।

दुनिया में दो तरह की शिक्षाएं होनी चाहिए, अभी एक ही तरह की शिक्षा है। और इसलिए दुनिया में बड़ा अधूरापन है। बच्चों को हम स्कूल भेजते हैं, कालेज भेजते हैं, युनिवर्सिटी भेजते हैं, मगर एक ही तरह की शिक्षा है वहां—कैसे जीयो? कैसे आजीविका अर्जन करो? कैसे धन कमाओ! कैसे पद-प्रतिष्ठा पाओ। जीवन के आयोजन सिखाते हैं। जीवन की कुशलता सिखाते हैं। दूसरी इससे भी महत्वपूर्ण शिक्षा है और वह है—कैसे मरो? कैसे मृत्यु के साथ आलिंगन करो? कैसे मृत्यु में प्रवेश करो? वह शिक्षा पृथ्वी से बिलकुल खो गयी है। ऐसा अतीत में नहीं था। अतीत में दोनों शिक्षाएं उपलब्ध थीं।

इसलिए जीवन को हमने चार हिस्सों में बांटा था। पच्चीस वर्ष तक विद्यार्थी का जीवन, ब्रह्मचर्य का जीवन। गुरु के पास बैठना। जीवन को कैसे जीना है, इसकी तैयारी करनी है। जीवन की शैली सीखनी है। फिर पच्चीस वर्ष तक गृहस्थ का जीवन: जो गुरु के चरणों में बैठकर सीखा है उसका प्रयोग, उसका व्यावहारिक प्रयोग। फिर जब तुम पचास वर्ष के होने लगो तो तुम्हारे बच्चे पच्चीस वर्ष के करीब होने लगेंगे। उनके गुरु के गृह से लौटने के दिन करीब आने लगेंगे। अब बच्चे घर लौटेंगे गुरु-गृह से। अब उनके दिन आ गये कि वे जीवन को जीयें। और जब बच्चे घर आ गये, फिर भी पिता और बच्चे पैदा करता चला जाये, तो यह अशोभन समझा जाता था; यह अशोभन है। अब बच्चे बच्चे पैदा करेंगे। अब तुम इन खिलौनों से ऊपर उठो।

तो पच्चीस वर्ष वानप्रस्थ। वानप्रस्थ का अर्थ बड़ा प्यारा है; जंगल की तरफ मुंह—इसका अर्थ होता है। अभी जंगल गये नहीं; अभी घर छोड़ा नहीं; लेकिन घर की तरफ पीठ और जंगल की तरफ मुंह—यह वानप्रस्थ का अर्थ होता है। चले-चले, तैयार...जैसे कभी तुम यात्रा पर जाते हो, बिस्तर-बोरिया सब बांध कर बस बैठे हो कि कब आ जाये बस, कि कब आ जाये गाड़ी—यह वानप्रस्थ। पच्चीस वर्ष तक वानप्रस्थ, ताकि अगर तुम्हारे बेटों को तुम्हारी कुछ सलाह की जरूरत हो तो पूछ लें। अपनी तरफ से सलाह मत देना। वानप्रस्थी स्वयं सलाह नहीं देता, लेकिन बेटे अभी नये-नये गुरुकुल से लौटे हैं, अभी उन्हें बहुत-सी व्यावहारिक बातें पूछनी होंगी, तांछनी होंगी। तुम्हारा मार्गदर्शन शायद जरूरी हो। तो अब पीठ कर के घर की तरफ रुके रहना कि ठीक है, कुछ पूछना हो तो पूछ-पांछ लो।

फिर पचहत्तर वर्ष के तुम जब हो जाओगे, तो सब छोड़ कर जंगल चले जाना। वे शेष अंतिम पच्चीस वर्ष मृत्यु की तैयारी थे। उसी का नाम संन्यास था। पच्चीस वर्ष जीवन के प्रारंभ में, जीवन की तैयारी; और जीवन के अंत में पच्चीस वर्ष, मृत्यु की तैयारी।

आज दुनिया से मृत्यु की तैयारी खो गयी है। लोग मृत्यु की बात ही नहीं करना चाहते। मृत्यु की बात से ही मन तिलमिला जाता है, मन डरने लगता है। रास्ते पर निकलती अर्थी देखकर तुम बेचैन नहीं हो गये हो? वह बेचैनी इस बात की खबर है कि तुम्हें याद आ रही है, कि आज नहीं कल मेरी अर्थी भी उठेगी! यही लोग जो

दूसरे को लिये जा रहे हैं, कल मुझे भी मरघट पहुंचा आयेंगे। आज कोई और चढ़ा है चिता पर, कल मैं भी चढूंगा।

ऐसा अगर तुम्हें दिखाई पड़ जाये, तो क्रांति हो जाये! मगर हम बड़े चालबाज हैं। हम इसको छिपा लेते हैं। हम धुआं खड़ा कर लेते हैं। अब कबीर, तुम धुआं खड़ा कर रहे हो।

तुम कहते हो : ज्योति, मेरी बहन का देहांत हो गया। मैं बहुत दुख में हूं, बहुत परेशानी में हूं। सालों से प्रेम एवं ममत्व होने के कारण रोम-रोम में याद सताती है।

तुम झुठला रहे हो। तुम अपनी सारी बात को ज्योति पर आरोपित कर रहे हो कि न तू गयी होती, न मैं दुखी होता। तू क्या चली गयी, मुझे दुख में छोड़ गयी। तुम यह बात भुलाने की कोशिश कर रहे हो कि दुख ज्योति के जाने का नहीं है, दुख इस बात का है कि जाना पड़ेगा। दुख इस बात का है कि यह ज्योति सजग कर गयी तुम्हें कि मौत आती है; मेरी आ गयी, तुम्हारी भी आती होगी। देखो, मेरी आ गयी—और मैं तो तुमसे कम उम्र की थी!

अब तुम इसको झुठलाओ मत।

तुम कहते हो कि प्रवचन सुनता हूं, ध्यान करता हूं, थोड़ी शांति अनुभव होती है।

वह शांति नहीं है, सांत्वना है। प्रवचन सुनने में भूल जाते होओगे, याद न रह जाती होगी। यह शांति नहीं है, यह तो विस्मरण है। यह तो वैसे ही है जैसे कोई सिनेमा में जाकर बैठ गया, तो दो घड़ी के लिए उलझ गया सिनेमा की कहानी में, तो अपनी कहानी भूल गयी; कि पढ़ने लगा कोई उपन्यास, जासूसी, सनसनीखेज, कि लग गया चित्त उसमें, तो अपनी चिंता भूल गयी; कि पी ली शराब, कि डूब गये थोड़ी मूर्च्छा में, कि भूल गयी अपनी आपाधापी। मगर कितनी देर? फिर लौट आओगे। आना ही पड़ेगा।

नहीं, इस तरह सांत्वना देने से कुछ भी न होगा। जागो! जागने से शांति मिलेगी। स्वीकार करो कि मौत है। और स्वीकार करो कि सब संयोग यहां नदी-नाव संयोग हैं; अभी हैं, अभी बिछड़ जायेंगे। कितनी देर हमारा साथ है, कुछ भी कहा नहीं जा सकता। दूसरे ही क्षण रास्ते अलग हो जायेंगे।

तुम इस ज्योति के साथ, तुम्हारी बहन के साथ कितने दिन से थे? तुम्हारे

पहले भी तुम्हारी बहन रही होगी, तुम भी रहे होओगे; जन्मों-जन्मों में कभी मिलना न हुआ था! अनंत जन्मों की कथा है! फिर थोड़ी देर राह पर साथ हो लिए दो राहगीर। तुम किसी और राह से आये, मैं किसी और राह से आया, घड़ी-भर को साथ हो लिया—संयोगवश। फिर मेरी राह अलग हो गयी, तुम्हारी राह अलग हो गयी; न तो कभी पहले साथ थी, न शायद अब दुबारा कभी मिलना हो। मगर ये थोड़े-से क्षण जो राह पर साथ-साथ गुजरे हैं, इनको इतना मूल्य मत दो। इनका कोई भी मूल्य नहीं है। स्मरण रखो—नदी-नाव संयोग! स्मरण रखो, जैसे वृक्ष पर एक ही रात बहुत-से पक्षियों ने बसेरा ले लिया; सुबह हुई, उड़ गये! स्मरण रखो कि रात सराय में रुके, सुबह हुई, विदा हो गये! रात थे साथ, तो परिचय भी बनाये, अपरिचितों के साथ बैठकर ताश भी खेले, शतरंज भी फैलाई, गपशप भी की; सुबह हुई, नमस्कार किया और विदा हो गये। बस, इससे ज्यादा मूल्य इस जीवन के संबंधों का नहीं है।

लेकिन चोट लगती है। चोट लगती है गलत धारणाओं के कारण। चोट लगती है हमारे अहंकार को कि मैं कुछ भी न कर सका, कि मेरी बहन मर गयी और मैं बचा न सका! तो मेरा बल क्या, तो मेरी सामर्थ्य क्या, तो मैं कौन हूं? तुम तिलमिला गये हो।

चाहता हूं, पुष्प यह
गुलदान का मेरे
न मुर्झाये कभी,
देता रहे
सौरभ सदा
अक्षुण्ण इसका
रूप हो!
पर यह कहां संभव,
कि जो है आज,
वह कल को कहां?
उत्पत्ति यदि,
अवसान निश्चित!
आदि है

तो अंत भी है!
यह विवशता!
जो हमारा हो,
उसे हम रख न पायें!
सामने अवसान हो
प्रिय वस्तु का,
हम विवश दर्शक
रहे आयें!
नियम शाश्वत
आदि के,
अवसान के,
अपवाद निश्चय ही
असंभव—
शूल-सा यह ज्ञान
चुभता मर्म में,
मन विकल होता!
प्राप्तियां, उपलब्धियां क्या
दीन मानव की,
कि जो
अवसान-क्रम से,
आदि-क्रम से
हार जाता
काल के
रथ को
न पल भर
रोक पाता!
क्या अहं मेरा
कि जिसकी तुष्टि
मैं ही कर न पाता!

अड़चन वहां है, कठिनाई वहां है; तुम्हारी ही नहीं कबीर, सभी की, प्रत्येक की।

प्राप्तियां, उपलब्धियां क्या
दीन मानव की,
कि जो
अवसान-क्रम से,
आदि-क्रम से,
हार जाता,
काल के
रथ को
न पल भर
रोक पाता!

इतने हम असहाय, इतने हम निर्बल! मगर हमारी अकड़ है गहरी! जब तक सब ठीक चलता है, तब तक तो अकड़ बनी रहती है; जब चीजें बिखरती हैं तो अड़चन आती है। इसको तुम सौभाग्य बनाओ। यह जो घड़ी घटी, इसे रो-रो कर भुलाने की चेष्टा न करो। समय घाव भर देता है; इसके पहले कि घाव भर जाये—जागो। अभी घाव हरा है, इस हरे घाव का लाभ ले लो। समझो कि जो हुआ, वही होना है, देर-अबेर की बात है।

एक सुबह बुद्ध एक गांव में आये। उस गांव में एक विधवा स्त्री का इकलौता बेटा मर गया। वही उसका सहारा था, वही उसकी आंख का तारा! वही सब कुछ था। पति तो चल बसा था, इसी बेटे के सहारे जी रही थी। उसकी पीड़ा तुम समझो, पागल हो गयी। बेटे की लाश को लेकर गांव में घूमने लगी—वैद्यों के, चिकित्सकों के द्वार-द्वार, तांत्रिकों-मांत्रिकों के द्वार-द्वार...। मगर कौन जगाये उसे; सब तंत्र, सब मंत्र, सब ज्योतिष, सब वैद्य, सब चिकित्सक मृत्यु के सामने असहाय हैं। किसी ने कहा: पागल औरत, अब इस लाश को ढोने-रखने से कुछ भी लाभ नहीं है। अब तू व्यर्थ ही दीवानी हो रही है! जो हुआ हुआ, मृत्यु तो हो गयी। अब तो कोई चमत्कार ही हो तो यह बच सकता है।

उस स्त्री को तो जैसे डूबते को तिनके का सहारा...उसने कहा: चमत्कार! क्या कोई चमत्कार हो सकता है? उस आदमी ने यह सोचकर कहा भी न था।

उसने तो यूं ही बात में ही बात कह दी थी, बात में बात निकल गई थी—कह दिया था कि कोई चमत्कार हो, तो ही बच सकता है। चमत्कार कहीं होते हैं! मगर स्त्री पीछे पड़ गयी उसके कि चमत्कार हो सकता है, तो बोलो कहां, कैसे?

पिंड छुड़ाने को उसने कहा: गांव में गौतम बुद्ध का आगमन हुआ है, तू उनके पास जा। वे तो भगवान हैं। वे तो परम ज्ञान को उपलब्ध हैं। उनके चरणों में ही रख दे इस लाश को। अगर चमत्कार हो सकता है तो वहीं हो सकता है, और कहीं भी नहीं।

भागी स्त्री, जाकर लाश को बुद्ध के चरणों में रख दिया। और मालूम है, बुद्ध ने क्या कहा? बुद्ध ने कहा: ठीक, तो तू चाहती है कि तेरा बेटा वापिस जिंदा हो जाये? उसने कहा: बस यही चाहती हूं, और कुछ भी नहीं चाहती। इतना ही कर दो। अनुकंपा करो, मुझ दीन पर दया करो।

बुद्ध ने कहा: होगा, जरूर होगा, लेकिन कुछ शर्तें पूरी करनी होंगी। तू जा गांव में और किसी भी घर से मेथी के थोड़े-से दाने मांग ला। वह गांव तो मेथी की ही खेती करता था। उस स्त्री ने कहा: यह भी कोई शर्त हुई? सारा गांव मेथी ही मेथी से भरा है। यही तो हमारी खेती है। अभी ले आती हूं।

बुद्ध ने कहा: लेकिन खयाल रख, उसके पीछे एक शर्त और है—मेथी उस घर से लाना जिसके घर में कभी कोई मृत्यु न घटी हो, तो चमत्कार हो जायेगा। बस मेथी के चार दाने काम कर जायेंगे।

वह भागी स्त्री...पागलपन में आदमी तो कुछ भी भरोसा कर लेता है। होश में न हो तो गणित बिठालने का समय भी कहां पाता है! और फिर मन जब मानना ही चाहता हो तो सब तर्कों के विपरीत मान लेता है। छोटी-सी बात थी, साफ हो गयी थी बात वहीं कि ऐसा कौन-सा घर होगा जहां मृत्यु न हुई हो! लेकिन कौन जाने! आशाएं हैं, बड़े सपनों में डूब जाती हैं। वह भागी, एक-एक द्वार खटखटाया। लोगों ने कहा कि जितनी मेथी चाहिए ले जा; बोरे के बोरे भरवा दें, गाड़ियों की गाड़ियां भरवा दें। मेथी ही मेथी है, गांव मेथी की ही खेती करता है। तेरे घर भी मेथी है, तू क्यों दूसरे घरों में मांगती फिरती है?

उसने कहा: लेकिन ऐसे घर की मेथी चाहिए जिसके घर कोई मरा न हो। सांझ होते-होते बात साफ हो गयी कि गांव में एक भी घर ऐसा नहीं है जहां कोई मरा न हो। और यह बात साफ होते-होते कुछ और भी साफ हो गया। जब वह

लौटी सांझ, बुद्ध ने कहा : तू ले आयी मेथी के चार दाने? वह स्त्री हंसने लगी। वह बुद्ध के चरणों पर गिर पड़ी। उसने कहा : मुझे दीक्षा दो। इसके पहले कि मेरी मौत आये, मैं कुछ कर लूं। मैं जीवन का कुछ अर्थ जान लूं, मैं जीवन का अभिप्राय जान लूं। बेटा तो गया, मेरा जाना भी ज्यादा दूर नहीं है। और आपने ठीक ही किया कि मुझे भेज दिया गांव की यात्रा पर। एक-एक घर में पूछ कर मुझे पता चल गया कि मृत्यु तो सुनिश्चित है; सभी घर में हुई है; सभी घरों में होती रहेगी। हम मौत के द्वार पर ही खड़े हैं। तो मेरा बेटा आज गया, कल मैं जाऊंगी। इसके पहले कि मैं जाऊं...मेरा बेटा तो गया, बिना कुछ जाने गया, मैं बिना कुछ जाने नहीं जाना चाहती।

कबीर, यही मैं तुमसे कहता हूं। मौत तो होती ही है—किसी की आज, किसी की कल—आज बहन, कल भाई। हम सब विदा होने को हैं यहां। यह घर नहीं है, सराय है। रोने में समय मत गंवाओ। आंसू पोंछ डालो! क्योंकि आंसुओं से भरी आंखें देखने में समर्थ न हो सकेंगी। आंसू बिलकुल पोंछ डालो! यह देखने की घड़ी है।

मृत्यु से बड़ी महत्वपूर्ण कोई घड़ी नहीं है। और जब तुम्हारा कोई प्यारा मर जाये तब तो बड़ा बहुमूल्य अवसर है। क्योंकि प्यारे का अर्थ होता है जो तुम्हारे बहुत करीब था, हृदय के बहुत करीब था। प्यारे का अर्थ होता है जिसकी मृत्यु तुम्हें अपनी मृत्यु जैसी मालूम होती है। यही तो मौका है, यही तो ध्यान में प्रवेश का मौका है।

और मुझसे तुम सांत्वना न मांगो; मैं तुम्हें सत्य ही दे सकता हूं। और सत्य यह है कि कबीर, तुम्हें भी मरना होगा, मुझे भी मरना होगा, सभी को मरना होगा। मरने के पहले लेकिन एक उपाय है : काश! हम अपनी चेतना से थोड़ा परिचय बना लें! थोड़ा हमारे भीतर जो अमृत का दीया जल रहा है, उसका अनुभव हो जाये। फिर मृत्यु नहीं होती। फिर देह गिर जाती है और हम और लंबी यात्रा पर निकल जाते हैं। फिर केवल परिधान बदलते हैं। न हन्यते हन्यमाने शरीरे! फिर शरीर के मरने से वह जो भीतर छिपा है, वह नहीं मरता है!

और जिस दिन तुम अपने अमृत को देख पाओगे, उसी दिन तुम्हें सबके भीतर अमृत दिखायी पड़ जायेगा। न तुम्हारी बहन मरी है, न कोई कभी मर सकता है। अब तुमसे मैं ये दो विरोधाभासी वक्तव्य दे रहा हूं। एक—सभी मरते हैं। सभी

को मरना पड़ेगा। जो देहग्रस्त हैं, मृत्यु के सिवाय वे कुछ भी अनुभव नहीं कर सकते। और दूसरा—कोई न कभी मरा है, और कोई न कभी मर सकता है। लेकिन यह तो उनका अनुभव है, जिन्होंने अमृत की पहचान की हो, जिन्होंने आत्म-साक्षात्कार किया हो।

चाहता हूं,
पुष्प यह
गुलदान का मेरे
न मुर्झाये कभी,
देता रहे
सौरभ सदा,
अक्षुण्ण इसका
रूप हो!
पर यह कहां संभव,
कि जो है आज,
वह कल को कहां?
उत्पत्ति यदि,
अवसान निश्चित!
आदि है,
तो अंत भी है!

देह तो बस फूल है। देखते हो न, जब कोई मर जाता है और उसे हम जला आते हैं, फिर तीसरे दिन हम इकट्ठा करने जाते हैं, तो कहते हैं—फूल इकट्ठे करने जा रहे हैं! क्यों कहते हैं फूल इकट्ठे करने जा रहे हैं? बस, फूल जैसा ही सब है यहां क्षणभंगुर! प्यारा शब्द है फूल! क्षणभंगुरता का प्रतीक है फूल। हड्डियां इकट्ठी करने जाते हैं, कहते हैं—फूल इकट्ठे करने जा रहे हैं!

मगर अब तुम कह रहे हो कि फूल इकट्ठे करने जा रहे हैं। काश, जिसकी हड्डियां हैं उसने ही जागकर देख लिया होता कि ये सब फूल हैं—अभी हैं, अभी कुम्हला जायेंगे; सुबह हैं, सांझ पंखुड़ियां झड़ जायेंगी। तो शायद कब्र न बनती, समाधि बनती। तो शायद मृत्यु तो होने ही वाली थी, लेकिन भीतर कोई अमृत को जानता हुआ विदा होता।

उस क्रांति की तलाश करो कबीर। मुझसे सांत्वना न खोजो, मैं सत्य ही दे सकता हूं।

यह विवशता!
जो हमारा हो,
उसे हम रख न पायें!
सामने अवसान हो
प्रिय वस्तु का,
हम विवश दर्शक
रहे आयें!

मैं तुम्हारी पीड़ा समझता हूं। अपनों को भी नहीं बचा पाते। अपने को ही नहीं बचा पायेंगे।

नियम शाश्वत
आदि के,
अवसान के,
अपवाद निश्चय ही
असंभव—
शूल-सा यह ज्ञान
चुभता मर्म में,
मन विकल होता!

मैं तुम्हारा दुख समझता, तुम्हारी पीड़ा समझता, तुम्हारे मन की विकलता समझता। लेकिन यह सब स्वाभाविक है। जागो! मृत्यु से, प्रियजन की मृत्यु के क्षण से जागने का और कोई शुभ अवसर नहीं है।

लेकिन हम जागते नहीं। हम नये-नये सपनों में खो जाते हैं।

एक मित्र कुछ दिन पहले आये। पत्नी उनकी चल बसी है। साधारण, गैर-पढ़े-लिखे व्यक्ति भी नहीं हैं; सुप्रीम कोर्ट के जस्टिस हैं। मगर जहां तक मनुष्य के आंतरिक अज्ञान का संबंध है, कुछ भेद नहीं होता। वह जो पत्थर तोड़ता है राह पर उसमें, और वह जो सुप्रीम कोर्ट में बैठकर निर्णय देता है उसमें, कुछ भेद नहीं होता। मूढ़ से मूढ़ में और तथाकथित पंडित में, जरा भी अंतर नहीं होता! सुप्रीम कोर्ट के जस्टिस हैं, रोने लगे विह्वल, बच्चे की भांति! पत्नी को मरे भी दो

साल हो चुके, मगर है कि पीड़ा नहीं जाती। दिल्ली से चल कर इतनी दूर आये थे, मुझसे सिर्फ यही पूछने कि क्या एक बात का मुझे भरोसा दिला सकते हैं कि कभी भविष्य में किसी और जन्म में मेरी पत्नी से मेरा मिलना होगा कि नहीं? और एक प्रार्थना है—कहने लगे—एक बार उसका दर्शन करा दें। स्वप्न में ही सही, एक बार उसे फिर देख लूं।

कैसा हमारा मोह है! फिर तो जैसे भूल ही गयें मुझसे बात करते समय कि मैं भी वहां हूं। याद करने लगे कि हमने कैसे दिन बिताये—कैसे सुख के दिन! हमने सारी दुनिया की यात्रा दो बार की। हम पेरिस गये, हम लंदन गये, हम न्यूयार्क गये, हम पेकिंग गये...। एक क्षण को तो वह भूल ही गये कि पत्नी मर चुकी है! पेरिस का वर्णन करने लगे, लंदन का—कैसे हम ठहरे, कहां क्या घटना घटी...। मैं देखता था उनको और सोचता था कि बच्चों में और बूढ़ों में जरा भी भेद नहीं। बूढ़े हो गये हैं। अब कुल एक साल और बचा है रिटायर होने को। यह सब हमारे मन की जालसाजियां हैं।

मैंने उनको बार-बार कहा कि इस जन्म के पहले इस पत्नी से कभी मिलना हुआ था? उन्होंने कहा: नहीं, मुझे तो कुछ इस जन्म के पहले की याद ही नहीं। तो मैंने कहा: अगले जन्म में तुम्हें पत्नी की याद रहेगी? पिछले जन्म में कोई तुम्हारी पत्नी रही होगी?

कहा कि हां, जरूर रही ही होगी।

याद कुछ है? पिछले जन्म में भी पत्नी मरी होगी? पिछले जन्म में भी तुमने किसी से जाकर कहा होगा कि इसी पत्नी से फिर दोबारा मिलना हो जाये। याद है कुछ? आज तुम कह रहे हो, कल मर जाओगे; याद रह जायेगी? छोड़ो मरने की बात, रात जब सो जाओगे आज, तब याद रह जायेगी?

उनकी आंखें गीली हो आयीं। उन्होंने कहा: वही तो मेरा दुख है; दो साल हो गये, सपने में भी नहीं देखा!

रात रोज सो जाते हो तब भी याद भूल जाती है, तो जब मरोगे, मृत्यु जैसी बड़ी घटना घटेगी, देह भी छूट जायेगी, मन भी छूट जायेगा—तब तुम्हें याद रह जायेगी पत्नी की? कहीं मिल भी जायेगी भूल-चूक से, पहचान पाओगे? क्यों व्यर्थ की बातों में पड़े हो? और कुछ कमी थी इस जन्म के पहले, जब यह पत्नी तुम्हारी पत्नी न थी? कभी कमी थी कुछ, आगे भी कुछ कमी होगी? और यह

पत्नी भी मिल गयी थी, यह भी सांयोगिक ही था।

कहने लगे: आपको कैसे पता चला—सांयोगिक?

मैंने कहा: मुझे आपकी कथा का कुछ पता नहीं है, मगर सभी सांयोगिक है। मैंने उन्हें एक यहूदी लेखक की कहानी बताई। उसके जीवन की घटना है। वह एक स्टेशन पर उतरा। चारों तरफ देखा, कुली नहीं था। सामान ज्यादा था। उसके पास ही एक और स्त्री उतरी थी, बगल के डिब्बे से। उसके पास बिलकुल सामान न था। भली महिला, उसने कहा कि आप चिंतातुर दिखते हैं। कुली कोई दिखाई पड़ता नहीं, रात सर्द है, बर्फ पड़ रही है। लाइये कुछ सामान मैं आपका बंटा लूं, जो भी बन सके।

तो कुछ झोले उसने भी ले लिये। दोनों चले स्टेशन की तरफ। अब जिसने झोले लिये थे, उससे बात भी होने लगी। बाहर आये। पहचान हो गयी तब तक; बात-चीत भी हुई, मित्रों की बात चली, कहां से आयी, क्या हुआ? टैक्सी में बैठने के पहले, रात सर्द थी, दोनों ने बैठकर होटल में काफी पी—थोड़ी गरमा लें अपनी देहों को। फिर तब तक इतनी पहचान हो गयी थी कि अब दो टैक्सी क्यों करनी, एक ही टैक्सी कर लें। फिर पहचान बढ़ती ही चली गयी; टैक्सी में कोई घंटे-भर की यात्रा थी, दोनों पास बैठे रहे, और भी मैत्री घनी हो गयी। फिर होटल में सोचा कि अब दो कमरे क्यों लें, एक ही ले लें। फिर ऐसे विवाह हुआ।

उस लेखक ने लिखा है: ऐसे मेरे पिता और मेरी मां का मिलना हुआ। संयोग की ही बात थी कि उस दिन कोई कुली नहीं था। बस, उस नासमझ कुली की वजह से यह उपद्रव हुआ।

तुम भी देखना, कैसे तुम्हें अपनी पत्नी मिल गयी। एक ही स्कूल में पढ़ते थे, कि बस्ता टांगे एक ही स्कूल की तरफ रोज-रोज जाते थे, कि संयोग की बात वह भी पड़ोस में रहती थी। हमारी दौड़ ही कितनी है! अब थोड़ी कार वगैरह युवकों के पास हो गयी है तो थोड़ी दौड़ ज्यादा है। दूसरे मुहल्ले तक चले जाते हैं, नहीं तो मुहल्ले में ही होने वाली थी! सांयोगिक है सब मिलना।

वे तो बड़े हैरान हुए; उन्होंने कहा: आप कहते क्या हैं! बात सच है, मेरा मिलना उससे सांयोगिक ही था। हम ऐसे ही एक कांफ्रेंस में मिले थे। और फिर बात बन गयी (कि बात बिगड़ गयी—एक ही है मतलब) अब रो रहे हैं। अब सोच रहे हैं: आगे फिर मिलना इसी से हो जाये! और अब सोच रहे हैं: काश,

वह होती तो कैसा अच्छा होता!

जो न गल जाती हिमानी विरह-दिनकर की कला से,
आज इस ज्वाला-तरी के हिम-जड़े पतवार होते।
हास औ' सुख से भरे, आनंद का व्यापार करने,
प्राण-जलनिधि में प्रणय के पोत चलते पार होते।
पलक के प्यासे चषक में भर मिलन की माधवी को,
स्निग्ध चंद्रासव पीये-से नयन ये रतनार होते।
अंगुलियां जो उलझ जातीं नीलमणि के कोण पहने,
बंक बरुनी के कसे मुखरित सुरीले तार होते।
सिहरकर अंबर उतरता अंक में भरती उन्हें जो,
तो सजीली मोतियों के कंठ में विधुहार होते।
छांह हिमकर चांदनी का तान ताराजटित आतप,
आज इस ज्वाला भरी के मान औ' मनुहार होते।

और फिर कल्पनाएं कि ऐसा होता, कि ऐसा होता...। मत खोओ कल्पनाओं में। जीवन जैसा है वैसा है। उसे वैसा ही जानो—उसकी नग्नता में। तथ्यों को झुठलाओ मत। तथ्यों को कल्पना के घूंघट मत पहनाओ। तथ्यों को बुर्के मत ओढ़ाओ।

मृत्यु है; इसे तुम कितना ही शृंगार करो और कितना ही सजाओ, तुम झुठला न सकोगे। इसे झुठलाने में जितने तुम सफल हो जाओगे, उतने ही तुमने जीवन को चूकने का उपाय कर लिया।

कबीर, धन्यवाद करो अपनी बहन का, ज्योति का। गयी, अंधेरा छोड़ गयी पीछे ज्योति। अब इस अंधेरे में अपनी ज्योति की तलाश करो। वही ज्योति भीतर जलेगी, तो ही शांति, तो ही सत्य, तो ही मुक्ति।

पांचवां प्रश्न: बुद्ध हुए और महावीर हुए और गोरख हुए, नानक हुए और कबीर हुए—इतनी रोशनियां जलीं, फिर भी संसार में अंधेरा क्यों है?

आप सब की कृपा से! रोशनी जलती रहने दो तब न! अब बुद्ध हुए कुछ पहरा तो देते न रहे; जली रोशनी और गये। वे जा भी नहीं पाते कि हजारों रोशनी को फूंकने को तैयार बैठे हैं।

लोग रोशनी के दुश्मन हैं। लोग दीयों के पुजारी हैं, रोशनियों के दुश्मन हैं। रोशनी को बुझा देते हैं, दीये की पूजा करते हैं! जिंदगी को मेट देते हैं, पत्थरों की पूजा करते हैं! पत्थरों की पूजा चल रही है! बुद्ध की कितनी मूर्तियां बनीं, इतनी किसी और की नहीं बनीं। मूर्तियों की पूजा चल रही है। बुद्ध ने जो कहा था उससे किसको लेना-देना है, उससे किसको प्रयोजन है? वह तो झंझट की बात है। उस पर चलना तो कंटकाकीर्ण मार्ग पर चलना है। उस पर चलना तो जीवन को बदलना होगा। पत्थर की पूजा करने में क्या लेना-देना है; सस्ता काम है।

तुम पूछते हो कि इतनी रोशनियां जलीं, फिर भी संसार में अंधेरा क्यों है? रोशनियों को तुम बचने ही नहीं देते। कभी-कभी तो ऐसा है कि रोशनी खुद भी नहीं बुझ पाती और तुम बुझा देते हो। तुमने जीसस की रोशनी जिंदा-जिंदा में बुझा दी। तुमने सुकरात की रोशनी जिंदा-जिंदा में बुझा दी। तुमने मंसूर की रोशनी जिंदा-जिंदा में बुझा दी। बुद्ध और महावीर के साथ तो तुमने थोड़ी कृपा भी की। पत्थर इत्यादि फेंके, गाली-गलौज भी दी, अपमान भी किया। तुम इस तरह के कामों में बड़े कुशल हो, बड़े निष्णात!

महावीर नग्न थे तो तुम नाराज हुए, अब नग्नता में कुछ नाराजगी की बात न थी। नग्न ही तो आते हैं हम संसार में और नग्न ही हमें जाना है। वस्त्र तो हमने बीच में ओढ़ लिये हैं, बीच का धोखा है। लेकिन हम धोखों को सत्य मान लेते हैं।

कल मैं पढ़ रहा था—बंबई की किसी होटल में, नयी बनती होटल में, किसी ने एक जैन तीर्थंकर की प्रतिमा सामने खड़ी कर दी है—बीस फीट ऊंची! अब जैन प्रतिमा, नग्न तीर्थंकर की प्रतिमा...बड़ी सनसनी फैल गयी है। जो जैन नहीं हैं वे नाराज हैं कि नंग-धड़ंग आदमी को यहां क्यों खड़ा किया? जो जैन हैं वे भी नाराज हैं, कि होटल और हमारे भगवान! बात यहां तक बढ़ गयी कि कुछ भक्तगण उनको चड्डी पहना आये।

क्या पागल हो तुम!...चड्डी! तुम्हें कुछ और न सूझा? वैसे दिन भी चड्डीवालों के चल रहे हैं। राष्ट्रीय स्वयंसेवक संघ—चड्डी दल! गुजराती में तो जैसे रा[illegible]ण, ऐसे अब उन्होंने नाम रख लिया है चड्डी-करण।

चड्डी, महावीर को चड्डी पहनाओगे! तुम्हें शर्म भी न आयी! फिर किन्हीं को गुस्सा आ गया कि हमारे भगवान को चड्डी! उन्होंने चड्डी फाड़ दी। अब विदेशी

पर्यटक हैं, उनको तो कुछ पता नहीं कि कौन तीर्थंकर, क्या? वे कहते हैं: 'मिस्टर तीर्थंकर!'...'मिस्टर तीर्थंकर नंगे क्यों खड़े हैं?' और उनको सारा रस उनकी नग्नता में है। वे फोटो पर फोटो उतार रहे हैं।

अब यह बात बेचैनी की है, क्योंकि इससे भारत की प्रतिमा का पश्चिम में बहुत खंडन होगा। तो कोई और ज्ञानी जाकर मूर्ति की जननेंद्रिय पर मिट्टी थोप आये! अब और भद्दी लगती है। मिट्टी थुपी संगमरमर की प्रतिमा पर...मामला क्या है? अब किन्हीं समझदारों ने कुछ रास्ता निकाला, उन्होंने एक बड़ा तख्ता लगा दिया है, जिसमें कि सिर्फ ऊपर की प्रतिमा दिखाई पड़ती है। मगर लोग इतनी आसानी से थोड़े ही छोड़ते हैं। जब से तख्ता लगा है, लोगों की उत्सुकता बढ़ गयी कि तख्ते के पीछे क्या है? तो लोग तख्ते के पीछे जा-जाकर फोटो ले रहे हैं। अब ऊपर की प्रतिमा का फोटो कोई लेता ही नहीं।

महावीर नग्न थे तो तुमने पत्थर मारे, बुद्ध को तुमने गांव-गांव से खदेड़ा—और तुम पूछते हो कि दुनिया में रोशनी कम क्यों है? तुम रोशनी के दुश्मन हो! जिसने भी रोशनी इस दुनिया में लाने की कोशिश की, तुम उससे नाराज हुए। तुम उसे सदियों तक क्षमा नहीं कर पाते। क्यों? कारण है। जो भी रोशनी लाता है उससे तुम्हारी जिंदगी का अंधेरा साफ होता है। और कोई यह मानने को राजी नहीं कि मैं अंधेरे में जी रहा हूं। जो आदमी आंखवाला है, वह अंधे को नाराज कर देता है, क्योंकि कोई अंधा यह मानने को राजी नहीं कि मैं अंधा हूं। जो पक्षी उड़ नहीं सकते, वे अगर उड़नेवाले पक्षी के पंख तोड़ दें, तो कुछ आश्चर्य है? क्योंकि उड़नेवाला पक्षी उनके अहंकार को चोट पहुंचाता है।

कफस में गुफ्तगू यह सुनकर दिल का खून होता है
न छेड़ो बाजुओं के तजकिरे, परवाज की बातें।

जो नहीं उड़ सकते, वे कहते हैं: हमारे दिल का खून न करो। बाजुओं की बातें मत करो, परवाज की बातें मत करो, उड़ने की बातें मत करो; क्योंकि इससे हमें बेचैनी होती है। तुम उड़ने की बातें करते हो, हमें हमारी नपुंसकता का बोध होता है। और ये सारे लोग परवाज की बातें करते हैं। ये कहते हैं कि परमात्मा हुआ जा सकता है। और तुम तो आदमी होना मुश्किल पा रहे हो—और ये कहते हैं परमात्मा हुआ जा सकता है। और ये कहते हैं कि तुम भी परमात्मा हो सकते हो। ये तुम्हें इतनी विराट ऊंचाई का स्मरण दिलाते हैं कि तुम चक्कर खाने लगते

हो। तुम कहते हो : ये बातें ही बंद करो। हम भले हैं, जमीन पर सरकते, घसिटते, हम भले हैं। हम अपने जैसे सरकते-घसिटते लोगों के साथ भले हैं। तुम हमारे बीच में न आओ। तुम हमारी नींद न तोड़ो। हम मधुर सपने ले रहे हैं, तुम हमें ज्यादा न पुकारो।

चिराग तो जल गये हैं, यह बुझ न जायें कहीं
हवाएं तुंद हैं, हर लौ में थर-थराहट है
यह लौ तो क्या है, लरजता है मेरा दिल ऐ दोस्त!
कि लरजा-खेज फजाओं की सनसनाहट है
चिराग जल तो गये हैं, नजर न लग जाये
नजर भी उनकी कि जिनके यहां अंधेरा है
निगाहे-बद से बचाना है इन चिरागों को
अभी है पिछला पहर दूर अभी सवेरा है
चिराग जल तो गये हैं, मगर शरीर इतफाल
उलट न दें कहीं जलते हुए चिरागों को
सलामती जो है मंजूर इन चिरागों की
करो दुरुस्त इन इतफाल के दिमागों को
चिराग जल तो गये, हां चिराग जल तो गये
मजा तो तब है अंधेरा न हो चिराग तले
चिराग बाम पे हों, फर्शो-आस्मां पे चिराग
बुलंदो-पस्त में सब कह उठें 'चिराग जले'
चिराग जल तो गये हैं, यह बुझ न जायें कहीं!

जलते रहे हैं, बुझते रहे हैं। जलाने वाले बहुत कम, बुझाने वाले बहुत ज्यादा। अंधेरे में तुमने बहुत-से स्वार्थ जोड़ रखे हैं। अंधेरे में तुम्हारा न्यस्त स्वार्थ है।

अब जैसे चोरों की बस्ती हो और वहां कोई चिराग जलाये, तो चोर बुझा न देंगे? चोर तो जी ही सकते हैं अंधेरे में। चोरों को चांदनी रात बुरी लगती है, अमावस की रात बड़ी प्यारी लगती है। उनका स्वार्थ है, न्यस्त स्वार्थ है।

चिराग जल तो गये हैं, यह बुझ न जायें कहीं
हवाएं तुंद हैं, हर लौ में थरथराहट है
यह लौ तो क्या है, लरजता है मेरा दिल ऐ दोस्त!

कि लरजा खेज फजाओं की सनसनाहट है

चारों तरफ कंपकंपा देने वाली आंधियां हैं! चारों तरफ हवाओं का जोर है! चिराग जल तो गये हैं...कभी कोई बुद्ध, कभी कोई बहाऊद्दीन, कभी कोई महावीर, कभी कोई मुहम्मद, कभी कोई कबीर, कभी कोई गोरख...चिराग जल तो गये हैं, मगर बड़ी तूफानी हवाएं हैं जो बुझा देने को आतुर हैं! और वे हवाएं तुम्हारी हैं, वे तुम हो! तुमने बुझाए हैं चिराग! और अब तुम पूछते हो कि इतनी रोशनियां जलीं, फिर संसार में अंधेरा क्यों है?

आपकी कृपा, आपका अनुग्रह! हां, जब चिराग बुझ जाता है, और बुझा हुआ दीया रह जाता है, तो तुम बड़े मंदिर बनाते हो, तुम बड़ी पूजा करते हो! फिर तुम्हारी स्तुतियां सुनने जैसी हैं! तुम मुर्दे की पूजा करने में कुशल हो, क्योंकि तुम मुर्दे हो! मुर्दों से तुम्हारी दोस्ती बन जाती है, जिंदों से तुम्हारी दोस्ती टूट जाती है। जीसस, जिंदा तो मारो। हां, मर जायें तो फिर पूजो। आज एक तिहाई दुनिया जीसस को मानती है। और जिस दिन जीसस को सूली लगी थी उस दिन तुम्हें पता है, तीन आदमी भी स्वीकार करने को राजी नहीं थे कि हम जीसस को मानते हैं! और जब जीसस को गोलगोथा की पहाड़ी पर, उनके कंधे पर वजनी सूली को लेकर चढ़ाया गया, तो वे तीन बार रास्ते में गिरे। लेकिन एक भी आदमी ने यह न कहा कि लाओ मैं साथ दे दूं, कि चलो मैं तुम्हारी सूली ढो दूं। कौन हिम्मत करे!

जब जीसस को सूली लगी...और उन दिनों जैसी सूली लगती थी जेरुसलम में, आदमी एकदम नहीं मर जाता था, छह घंटे, आठ घंटे, दस घंटे, बारह घंटे, कभी-कभी चौबीस घंटे लग जाते थे मरने में, क्योंकि सूली का ढंग बड़ा बेहूदा था। हाथ-पैर में खीले ठोंक देते थे, लटका देते थे आदमी को। अब हाथ-पैर से खून बहेगा, बहेगा, बहेगा...घंटों लगेंगे। भरी दोपहरी सूली को ढो कर लाना, पहाड़ी पर चढ़ना। जीसस प्यासे हैं। उनके हाथ में खीले ठोंक दिये गये हैं। वे कहते हैं कि मुझे प्यास लगी है, कोई पानी दे दो। मगर उन एक लाख इकट्ठे लोगों में, किसी एक आदमी ने हिम्मत न की कि कह देता कि लो मैं पानी ले आऊं तुम्हारे लिए। मरते जीसस को तुम पानी न दे सके! लोगों ने पत्थर फेंके, सड़े छिलके फेंके। गालियां दीं, सब तरह के अपमान किये। मरते जीसस को तुमने शांति से भी न मरने दिया। मरते जीसस को भाले चुभा-चुभा कर लोगों ने पूछा कि क्या हुआ चमत्कारों का? क्या हुआ तुम्हारे परमात्मा का? तुम तो कहते थे कि

तुम ईश्वर के बेटे हो, अब कहां है तुम्हारा पिता? आये और प्रमाण दे!

यह तो तुमने जीसस के साथ व्यवहार किया। और फिर...तुमने कितने चर्च बनाये जीसस के लिए! इतने तुमने किसी के लिए नहीं बनाये। और कितने पुजारी हैं आज! बारह लाख तो सिर्फ पादरी-पुजारी हैं दुनिया में। फिर प्रोटेस्टेंट अलग हैं, और-और दूसरे चर्च अलग हैं। दुनिया का सबसे बड़ा धर्म बन गया है ईसाइयत! कारण क्या हुआ? जिंदा को तो तुम स्वीकार न कर सके, मुर्दा का सम्मान कर रहे हो! शायद इसीलिए। जिंदा का तुमने इतना अपमान किया कि मनुष्य-जाति के प्राण अपराध-भाव से भर गये। अब अपराध-भाव को किसी तरह पोंछने के लिए तुम स्तुति कर रहे हो, पूजा कर रहे हो, शोरगुल मचा रहे हो; मगर अपराध-भाव मिटता नहीं।

चिराग जल तो गये हैं, नजर न लग जाये
नजर भी उनकी कि जिनके यहां अंधेरा है।

जिनके यहां अंधेरा है वे नाराज होते हैं रोशनी देखकर। तुमने कभी यह खयाल किया, कि तुम अपनी गरीबी से उतने परेशान नहीं होते जितना पड़ोसी की अमीरी से परेशान होते हो। गरीबी से तो बहुत कम लोग परेशान हैं, अमीरी से परेशान हो जाते हैं। तुम्हें खयाल ही नहीं था कि तुम्हारे पास कार नहीं है। तुम परेशान ही नहीं थे। फिर पड़ोसी एक कार ले आया। बस, अब परेशानी शुरू हुई। अब तुम गरीब हुए। अब तक तुम गरीब न थे, अब तक सब ठीक चल रहा था। अब पड़ोसी कार ले आया, अब गरीबी शुरू हुई। अब तुम्हें बेचैनी हुई। अब कार तुम्हारे पास भी होनी चाहिए।

दुनिया में इतनी गरीबी नहीं है, जितने लोग परेशान हैं। और परेशान गरीबी से तो कोई भी नहीं है। इसलिए रूस में परेशानी कम है; उसका कारण है कि सभी समान रूप से गरीब हैं! अमरीका का गरीब-से-गरीब आदमी रूस के अमीर-से-अमीर आदमी से आठ गुना ज्यादा अमीर है। लेकिन अमरीका में बड़ी परेशानी है, रूस में परेशानी नहीं है। तो निश्चित ही बात साफ है कि गरीबी से कोई परेशानी नहीं होती, परेशानी अमीरी से होती है। तुलना पैदा हो जाती है। तुम्हारे पास है और मेरे पास नहीं, इससे बेचैनी, इससे कांटा चुभता है।

इस देश में भी यही होगा। इस देश में थोड़े-से अमीर हैं; उनको बांटा जा सकता है। जिस दिन वे बंट जायेंगे, लोग बड़े प्रसन्न हो जायेंगे। ऐसा नहीं है कि

लोग अमीर हो जाएंगे। उनके बंटने से कुछ नहीं होने वाला है। उनका बंटना ऐसे है जैसे कि कोई जाकर चम्मच-भर शक्कर और सागर में डाल दे! उनके बंटने से कुछ नहीं होने वाला है। वे बंट भी जाएंगे तो कोई फर्क नहीं पड़ने वाला है। तुम्हारी जिंदगी की मिठास न बढ़ेगी, लेकिन तुम्हारी खटास कम हो जायेगी। अगर सभी गरीब हैं तो फिर कोई अड़चन न रही। फिर तुम्हारे गरीब होने में कोई पीड़ा न रही, तुम्हारे अहंकार को चोट न रही।

यह बड़ी अजीब दुनिया है! यहां लोग अपनी गरीबी से परेशान नहीं हैं, दूसरे की अमीरी से परेशान हो जाते हैं। और जो सामान्य अमीरी-गरीबी के तल पर होता है, वह और भी बड़े पैमाने पर आध्यात्मिक तल पर होता है। तुम्हें अपने आध्यात्मिक अंधेपन की कोई पीड़ा नहीं है, लेकिन बुद्ध को देखकर तुम नाराज हो जाते हो—यह आंखवाला आदमी है।

चिराग जल तो गये हैं, नजर न लग जाये
नजर भी उनकी कि जिनके यहां अंधेरा है
निगाहे-बद से बचाना है इन चिरागों को
अभी है पिछला पहर, दूर अभी सवेरा है

चिराग तो जलते रहे, लेकिन सवेरा बहुत दूर है। सूरज अभी तक नहीं निकला है। बुद्ध जले, महावीर जले, कृष्ण, क्राइस्ट...ये चिराग हैं। सवेरा अभी नहीं हुआ। सवेरा कब होगा? सवेरा तब होगा, जब सारी मनुष्यता में एक धार्मिक प्रकाश फैल जाये। सवेरा तब होगा जब सभी के चेहरों पर ध्यान की आभा होगी। वह तो अभी बड़ी दूर है बात। और जो उसे करीब ला सकते थे, तुम उन्हें बुझा देते हो; तुम उनसे नाराज हो जाते हो; तुम उनके दुश्मन हो जाते हो।

चिराग जल तो गये हैं, मगर शरीर इतफाल
उलट न दें कहीं जलते हुए चिरागों को
शरारती लोगों से जरा सावधान रहना!
चिराग जल तो गये हैं, मगर शरीर इतफाल

बहुत शरारती लोग हैं दुनिया में; वे चिरागों का जलना पसंद नहीं करते। वे तत्क्षण उन चिरागों को उलट देने को तैयार हो जाते हैं।

बुद्ध पर पागल हाथी छोड़ा गया। पागल हाथी भी इतना पागल नहीं था जितने पागल आदमी हैं। क्योंकि कहानी यह है कि पागल हाथी भी बुद्ध के पास आकर

रुक गया। ऐसा हुआ हो या न हुआ हो, लेकिन बात मुझे जंचती है। कोई हाथी इतना पागल नहीं होता जितने आदमी पागल होते हैं! पागल हाथी को भी लगा होगा कि बेचारा सीधा-सादा आदमी है, इस पर हमला क्यों करना? पागल रहा होगा, मगर इतनी बुद्धि उसमें भी अभी शेष थी कि वह आकर रुक गया। लेकिन जिसने छोड़ा था पागल हाथी—देवदत्त—वह बुद्ध का चचेरा भाई था। चचेरा भाई साथ-साथ बड़े हुए थे। साथ-साथ पढ़े थे। एक ही उम्र के थे। एक-सी प्रतिभा के थे। और बचपन से ही उनमें एक कशमकश थी, एक प्रतियोगिता थी। फिर जब बुद्ध बुद्धत्व को उपलब्ध हो गये तो देवदत्त को बड़ी बेचैनी होने लगी कि वह पीछे छूट गया। उसे भी बुद्धत्व सिद्ध करके दिखाना है। अब बुद्धत्व कोई ऐसी चीज तो है नहीं कि तुम सिद्ध करके दिखा दोगे। तो वह झूठा ही अपने को बुद्ध घोषित करने लगा। लेकिन झूठा बुद्ध सच्चे बुद्ध के सामने फीका लगता। तो फिर एक उपाय था कि सच्चे बुद्ध को खत्म करो। तो पागल हाथी छुड़वा दिया।

यह भी जानकर हैरानी होती है कि अपना ही भाई, चचेरा भाई, पागल हाथी छुड़वायेगा! ऐसा अक्सर हुआ है। जो निकटतम हैं, वे ही सर्वाधिक नाराज हो जाते हैं, क्योंकि उनके ही अहंकार को सबसे ज्यादा चोट पहुंचती है।

जीसस ने कहा है: पैगंबर का अपने ही गांव में सम्मान नहीं होता। क्योंकि गांव के लोग निकट होते हैं। वे कैसे बर्दाश्त कर सकते हैं कि एक छोकरा हमारे ही बीच से उठा। यहीं हमने उसे बड़े होते देखा, इन्हीं गलियों में खेलते देखा—और वह पैगंबर हो गया! तो हम सब दो कौड़ी के! नहीं, यह बर्दाश्त नहीं हो सकता।

जीसस अपने गांव में एक ही बार गये ज्ञान को उपलब्ध होने के बाद; दोबारा जाने की नौबत ही गांव के लोगों ने न दी! गांव के लोगों ने जीसस पर इतनी नाराजगी जाहिर की कि सारा गांव उनके पीछे पड़ गया। उन्हें पहाड़ पर ले जा कर उनको पहाड़ से गिरा देने की कोशिश की, मार डालने की कोशिश की। क्या नाराजगी थी जीसस जैसे प्यारे आदमी से? इसका प्यारा होना ही नाराजगी का कारण है। शरारती लोग हैं, दुनिया शरारतियों से भरी है।

चिराग जल तो गये हैं, मगर शरीर इतफाल
उलट न दें कहीं जलते हुए चिरागों को

इसलिए सावधानी रखनी होती है। जो जानते हैं, जो पहचानते हैं, उन्हें बड़ी

सावधानी रखनी होती है, कि जब कोई चिराग जले, तो उसे अपने आंचल में छिपा लें—कि उसकी रोशनी काम आ जाये लोगों के, कि उस चिराग से कुछ और बुझे चिराग जल जायें।

सलामती जो है मंजूर, इन चिरागों की
करो दुरुस्त इन इतफाल के दिमागों को

अगर चाहते हो कि दुनिया में चिराग जलते रहें, तो शरारती लोगों के दिमाग को जरा ठीक करो। मगर शरारतें नये-नये ढंग लेती जाती हैं, शरारतें नये-नये रंग लेती जाती हैं। और शरारतें बहुत तर्कपूर्ण हैं। शरारतें शास्त्रों का उल्लेख करती हैं, शरारतें शास्त्रों में आधार खोज लेती हैं।

चिराग जल तो गये, हां चिराग जल तो गये!
मजा तो तब है अंधेरा न हो चिराग तले

और फिर एक और बड़ी अड़चन है, अगर शरारतियों से चिराग बच जायें, आंधियों और तूफानों से चिराग बच जायें, लोगों की नजरों से चिराग बच जायें, लोगों की बदनजरों से चिराग बच जायें—तो फिर एक और बड़ा खतरा है, कि हर चिराग के तले ही अंधेरा इकट्ठा हो जाता है। तथाकथित शिष्य इकट्ठे हो जाते हैं, जिनमें शिष्यत्व की कोई क्षमता और बोध नहीं होता। अगर उनमें शिष्यत्व की क्षमता और बोध हो, तब तो चिराग के नीचे भी रोशनी हो जाये। क्योंकि चिराग के नीचे और चिराग हो जायें!

लेकिन अक्सर यह हो जाता है कि जब भी कोई सदगुरु पैदा होता है, तो उसके विदा होते ही उसकी ही छाया में राजनीतिज्ञों के अड्डे जम जाते हैं, शरारतियों के अड्डे जम जाते हैं। वहीं आपाधापी शुरू हो जाती है कि कौन प्रथम हो?

अब यह तुम जानकर हैरान होओगे कि शंकराचार्यों के मुकदमे अदालतों में चलते हैं, तय करने के लिए कि कौन असली शंकराचार्य है! अदालत तय करेगी कि कौन असली शंकराचार्य है! एक सम्मेलन में एक ऐसे शंकराचार्य से मेरा मिलना हुआ, जिनके ऊपर इलाहाबाद के हाईकोर्ट में मुकदमा चलता है। दो शंकराचार्य हैं, दोनों घोषणा करते हैं कि हम असली हैं। एक ही पीठ पर दोनों का कब्जा है। उन्होंने मुझसे पूछा कि आपका इस संबंध में क्या मंतव्य है?

मैंने कहा कि मेरा एक मंतव्य है कि तुम दोनों नकली, इतना तय है। यह भी कोई बात है कि अदालत से तुम मुकदमे का फैसला लेने चले हो! तो तुम सोचते

हो कि अदालत का जो मजिस्ट्रेट है, हजार-पांच सौ रुपये तनखाह पाने वाला, वह पहचान सकेगा कि असली शंकराचार्य कौन है? वह तो बेचारा सिर्फ अदालती ढंग से देख रहा है। वह तो इसकी जांच-पड़ताल करवा रहा है कि इसके पहले जो शंकराचार्य था, उसने जो वसीयत लिखी है वह असली है कि नकली है? किसके नाम लिखी...? दोनों के पास वसीयत है। जहां तक संभावना यह है कि दोनों के नाम लिखी हो। पहले एक के नाम लिखी हो, फिर मरते वक्त आधी मूर्च्छा में, बेहोशी में, दूसरे ने भी दस्तखत करवा लिए हों।

तो मैंने कहा कि तुम दोनों तो शंकराचार्य नहीं हो, इससे यह भी तय होता है कि तुम्हारा गुरु भी शंकराचार्य नहीं था। चिराग के तले अंधेरा इकट्ठा हो जाता है।

चिराग जल तो गये, हां चिराग जल तो गये!
मजा तो तब है अंधेरा न हो चिराग तले

हर सदगुरु के पीछे लोग इकट्ठे हो जाते हैं, जो राजनीति चलाने लगते हैं। उनसे सावधान होना जरूरी है। नहीं तो फिर पोप पैदा होते हैं, और शंकराचार्यों के मठ खड़े होते हैं, और सब उपद्रव शुरू हो जाता है।

चिराग बाम पे हों, फर्शो-आस्मां पे चिराग!

चिराग जलें ऊंचाइयों पर, शिखरों पर, आसमानों पर...।

बुलंदो-पस्त में सब कह उठें, चिराग जले।

और उत्थान हो कि पतन, लेकिन चिराग जलते रहें। लेकिन हमें सहारा देना होगा। ये चिराग कुछ ऐसे नहीं हैं कि अपने-आप जलते रहेंगे; इन्हें हमें प्राणों के द्वारा जलाना होगा। प्राणों की आहुति देंगे तो ये चिराग जलेंगे।

बुद्धों के चिराग जल सकते हैं। इस जगत की सुबह भी करीब आ सकती है। लेकिन बहुत-बहुत लोगों को अपने प्राणों का स्नेह इन चिरागों को जलाने में लगाना होगा।

अब तक यह नहीं हो पाया है। इसलिए आदमी अंधेरे में है। रात गहरी है, पर सुबह हो सकती है। और अब ऐसी घड़ी आयी है कि अगर सुबह न हो सकी तो आदमी बच न सकेगा। अब सुबह होनी ही चाहिए। अब आदमी का भाग्य ही इस बात पर निर्भर है कि सुबह होनी चाहिए। आदमी उस जगह पहुंच गया है कि जैसा है ऐसा ही अब ज्यादा देर जिंदा न रह सकेगा। गये वे दिन जब तुम तीर-कमान चला कर एक-दूसरे को मारा करते थे। अब हमारे पास अणु-अस्त्र हैं। पृथ्वी पर

इतने अणु-अस्त्र हैं कि एक-एक आदमी एक-एक हजार बार मारा जा सकता है! हालांकि आदमी एक ही बार में मर जाता है। इतना आयोजन करने की कोई जरूरत नहीं है। मगर भूल-चूक क्यों करनी! राजनीतिज्ञों ने पूरा, शरारतियों ने पूरा इंतजाम कर रखा है। कितनी दफे बचोगे? एक हजार पृथ्वियां नष्ट हो सकें, इतना आयोजन है। अब अगर आदमी न बदला और सुबह न हुई तो आदमी समाप्त होगा।

इन आने वाले पच्चीस वर्ष में बड़ी निर्णायक घड़ी है। या तो आदमी नष्ट होगा और यह पृथ्वी आदमी से शून्य हो जायेगी; या फिर एक नये आदमी का जन्म होगा—एक नयी सुबह! लेकिन ये जो छोटे-छोटे चिराग जले हैं, इन्हीं से आशा बनी है।

गुलों की कसरत हो, या कमी हो, बहार फिर भी बहार है

दीये जले, बुझे, मिट गये; उनकी छाया में अंधेरा पनपा—यह सब ठीक। गुलों की कसरत हो...फूल ज्यादा हों कि कम।

गुलों की कसरत हो, या कमी हो, बहार फिर भी बहार है
कली हो चुप या चटक रही हो, बहार फिर भी बहार है
तुम्हें शऊरे-नजर नहीं है, बहार को हेच कहने वालो!
घटा घिरी हो कि चांदनी हो, बहार फिर भी बहार है
तयूर की नग्मा-साजियां हैं, कहीं है कू-कू, कहीं है पी-पी
अगर खरोशे-जगन कभी हो, बहार फिर भी बहार है
हवा में तुंदी भी हो अगर कुछ, उसे नमू का पयाम समझो
जो चंद पत्तों में बरहमी हो, बहार फिर भी बहार है

थोड़े पक्षी गीत गायें, कोई कोयल कूके एक-आध बार, कि कोई पपीहा बोले पी-पी और कौओं का बड़ा शोरगुल हो, तो भी बहार तो बहार ही है। तयूर की नग्मा-साजियां हैं...पक्षियों की गुनगुनाहट... कहीं है कू-कू, कहीं है पी-पी। अगर खरोशे-जगन कभी हो...लेकिन अगर बहुत कौओं की कांव-कांव भी हो, तो भी खयाल रखना, बहार फिर भी बहार है।

हवा में तुंदी भी हो अगर कुछ, उसे नमू का पयाम समझो
जो चंद पत्तों में बरहमी हो, बहार फिर भी बहार है।

ये छोटे-छोटे दीये जो जले और बुझ भी गये हैं—हमारे कारण। जले तो

हमारे कारण नहीं, बुझे हमारे कारण हैं। तो भी इन्होंने आने वाले महावसंत की प्राथमिक सूचनाएं दी हैं। इन्होंने आने वाले सुबह की पहली खबरें दी हैं।

कदम बढ़ाके तुम चले, मगर यह इक कसर रही
कदम जरा मिले नहीं
अगर कदम मिले रहें, तो चाहे सुस्त-रौ भी हों
रसाई होगी एक दिन

फिर दूसरी कठिनाई यह हुई कि दीये तो बहुत जले, लेकिन दीये के पीछे चलनेवाले लोग कभी इकट्ठे होकर न चल सके। हिंदू अलग, मुसलमान अलग, जैन अलग, ईसाई अलग! रोशनियों को प्रेम करने वाले लोग भी इकट्ठे न हो सके! अंधेरे में लोग लड़ते रहे, ठीक था, क्षमा के योग्य हैं; रोशनियों के नाम पर लोग लड़ने लगे, यह अक्षम्य है।

कदम बढ़ाके तुम चले, मगर यह इक कसर रही
कदम जरा मिले नहीं
अगर कदम मिले रहें, तो चाहे सुस्त-रौ भी हों
रसाई होगी एक दिन

और अगर कदम मिल कर चलें तो चाहे धीमे भी चलें, तो भी एक दिन पहुंचना निश्चित है। मंजिल दूर नहीं। सुबह करीब है।

आज इतना ही।